Jochy Herrera

Seducir los sentidos

MEDIAISLA
Miami, FL 2010

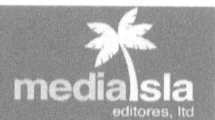

http://mediaisla.net

Primera Edición: Marzo de 2010

ISBN: 978-0-557-32456-9
Publicado por: *mediaIsla editores/lulu.com*
Correo electrónico mediaisla@gmail.com

Portada: *SIN TÍTULO*
Autora: **VICTORIA BIANCO**
Diseño de portada: **ESMERALDA MORALES**
Foto del autor: **SANTIAGO WEKSLER**
Diseño interior y maquetación: © *mediaIsla editores*

A Ricardo Armijo y John Barry,
cosmonautas del lenguaje.

La mirada es la erección del ojo.
Jacques Lacan

Seducir los sentidos

Contenido

Entre la imaginación y el deseo

Este libro trata de la seducción y lo ha escrito un autor seducido, felizmente seducido. Al ir comentando la poesía, la música, la pintura, el cine, Jochy Herrera nos va mostrando, con la emoción verdadera con la que hablamos de las cosas que nos son indispensables, que la seducción es, como él mismo anuncia en las primeras páginas, "un rito y acto de supervivencia, una propuesta que sus protagonistas rehúsan abandonar alimentándola en una danza que es ahora sueño y mañana realidad, un interminable bolero que es hechizo y es rechazo, y en consecuencia, pacto". Nótese bien: la seducción es un pacto de supervivencia. Esta idea se ilustra, se explica, se ironiza y se celebra a lo largo de todo el libro. En *Seducir los sentidos* Herrera escribe para los que saben apreciar el artificio que se opone a las ortodoxias, para los que admiten que no podrían vivir si no existieran los poemas, las canciones, las pinturas, y que aceptan con felicidad la corrupción del orden provocada por la imaginación y el deseo.

El arte es corruptor del orden por dar primacía a los sentidos sobre la razón y a la imaginación sobre la realidad, y por eso, en el alba de la filosofía, se intentó eliminarlo del discurso racional. Platón fue el primero en reflexionar sobre las obras artísticas y el primero en señalar el poder trasformador, a su juicio maléfico, de su extraordinario atractivo sensual. Para Platón, el artista es un hipócrita y un encantador. Es un hipócrita (*hypokrités*) porque representa un papel, porque no es él mismo, asumiendo la verdad y la responsabilidad de su palabra, sino que se presenta como otro, imitando lo que dicen otros, engañando y hechizando a los espectadores. Este hechizo se logra por el placer del lenguaje, por la dulzura de la música, y, en la pintura, por la copia engañosa de la realidad. Se excitan los sentidos y se confunden las ideas; a veces, se estimulan los apetitos más bajos del alma. Así como el artista inspirado, dice Platón, entra en un estado de frenesí, y el rapsoda, al recitar los poemas, provoca en sí mismo un frenesí, para representar eficazmente el poema o la música, así el espectador u oyente fascinado se deja llevar por el mismo frenesí: cree lo que creen otros, sufre lo que sufren otros, pierde el control de sí mismo, fuente de toda racionalidad.

En el siglo IV, cuando Platón escribe sus diálogos, los griegos intentan crear nuevos recursos discursivos, descartando la educación tradicional basada en la poesía homérica. Según Platón, la poesía seduce con su ritmo, con la eufonía y melodía de sus versos, con sus repeticiones que se quedan en la memoria, pero no dice la verdad. La poesía exalta el sonido y la música del lenguaje, su materia, pero no transmite necesariamente contenidos con valor cognoscitivo. La poesía es cuerpo y no *sema*. Pero Platón no puede dejar de admitir el hechizo del arte: si un artista viniera de visita a nuestra ciudad (dice en la *República*), de donde han sido expulsados los artistas, nos prosternaríamos ante él como alguien digno de culto: ¡como ante un dios! Lo echaríamos, "tras derramar mirra sobre su cabeza y haberlo coronado con cintillas de lana". Releyendo a Platón ahora, después de tantos años, vuelvo a sentir el horror de imaginar ese estado utópico sin poetas, y, sin embargo, me complace verificar que desde el principio de las teorías sobre el arte se admite la conexión entre arte y cuerpo: sentidos excitados, pulso sin freno, erotismo de la palabra. Yo también desearía, como Platón, que el mundo estuviera gobernado por la razón y no por las fantasías de la codicia y los excesos de la crueldad y el egoísmo; un mundo sin hipócritas y sin iluminados, sin eslóganes hechos para excitar los apetitos más bajos, sin frenéticos y sin musas que inciten a la guerra y la muerte. Pero ahora sabemos que el arte, que con tanta reluctancia destituyó Platón de su pólis utópica, tiene un papel que cumplir en un mundo donde lo libre no sea el mercado sino el cuerpo y la imaginación y el deseo de crear una sociedad más feliz.

Los estudios que forman *Seducir los sentidos* no son, por supuesto, platónicos. Postulan, como hemos visto, que la seducción es un pacto de supervivencia, y en lugar de deplorarla o de levantar alguna cautela contra ella, la celebran. Este libro demuestra que el arte es indispensable y nos da sabiduría y felicidad, o al menos consuelo, cuando la felicidad es mucho pedir. Nos da ojos para ver, palabras para entender la realidad, imágenes para poder crear otras. Estas son ideas contrarias a las advertencias platónicas, pero proceden de la misma oposición entre arte y razón, ya que el discurso articulado en este libro, en sus variadas formas y temas, está motivado por la oposición entre la seducción como corrupción (en el sentido platónico y también en el sentido religioso) y la seducción como supervivencia y como acto liberador de las opresiones que nos impone la falsa razón del mundo en que vivimos. Cada ensayo ha sido inspirado por una obra, un artista o un tema artístico: ninguno pretende ser teórico ni crítico, y todos son admirables ejemplos de seducción agradecida, y, en las conversaciones con artistas y en las crónicas de exposiciones, son ejemplos de importantes cuestionamientos e inquietudes sobre el arte en el mundo actual. El autor ha sido seducido, en cada caso, por algunos de los encantamientos del arte, ha sido felizmente corrompido, exaltado, quizá transformado, ha sido entusiasmado (en griego, el poseído por un *teós*, 'dios') y ha escrito para comunicar a otros su maravilla o, en algunos ensayos, su preocupación por las disipaciones y peligros de la modernidad, cuando las fantasías del arte de masas no son liberadoras sino degradantes y explotadoras. Los temas son variados, y también cambian los estilos, porque cada texto es una respuesta apasionada, y cada conversación con un artista es una búsqueda diferente de respuestas. En conjunto, este libro es un despliegue de conocimientos artísticos y de emociones y reflexiones sobre el arte, pero un despliegue humilde, no ostentoso ni académico, porque se trata de experiencias y de cuestiones vividas a fondo, y no de análisis hechos desde afuera con el objeto de discutir lo que dicen otros. Páginas sabias y humildes a la vez, páginas que se vuelven confesionales en muchos casos, y que logran hacer accesible lo abstruso, e intuible lo que no puede explicarse sin falsearlo. No faltan tampoco los momentos líricos, más frecuentes en la última parte del libro, en que Jochy Herrera, hablando de ciudades, poetas, amores y nostalgias, es, él mismo, un poeta.

Pese a su variedad de temas, tonos e intereses, hay imágenes persistentes a lo largo de las páginas de *Seducir los sentidos*, imágenes explícitas e implícitas, y todas se refieren a un núcleo central, que yo llamaría *el amor como nostalgia*. Amor a una mujer, amor a una ciudad, amor a un tiempo. Ni la mujer, ni la ciudad, ni el tiempo existen fuera de la creación imaginaria hecha por la memoria y el deseo. Su lugar no está en el mundo real, sino en un poema, en una canción, en una película. Y, sin embargo, esos fantasmas son más ciertos que lo real, porque determinan las vivencias más profundas del que escribe, y, finalmente, su propia verdad. Del arte le viene a Jochy Herrera la forma de una mejilla, el tacto de unos dedos, el aroma que trae el viento. Lo que propone este libro es que ni siquiera nuestros recuerdos existirían si el arte no fuera el incansable moldeador de nuestros más profundos deseos. ¿Puede el autor distinguir la ciudad de Buenos Aires de esa misma ciudad tal como aparece en las páginas de Cortázar o de Borges? No, yo creo que no podría, por muchas veces que fuera a Buenos Aires y muchas horas que pasara caminando por sus calles. La ciudad existía antes, es solamente suya, y viene de la literatura.

Por eso escribe el autor: "El poema de Borges *Fundación mítica de Buenos Aires* facilita mi reproducción de una urbe que solamente puede ser llevada en el corazón; un corazón que ha fundado sueños y perpetuado irrealidades". Y en otro lugar dice: "Vivo la ciudad que el primer poeta moderno dominicano nos mostró: René del Risco me ha obligado a definir el territorio, y por eso no soy de ningún lugar y soy de todos", y más adelante afirma: "Mito o sueño, vivir ciertas historias es únicamente dominio de la literatura". Peligrosa sinrazón la del arte, para un platónico, pero indispensable regocijo, para el autor, el de esa mimesis que va más allá de la copia, la repetición y la mentira, y alcanza a revelar el sentido de lo que vivimos con pasión. Lo revela, lo perpetúa, nos permite vivir más allá de las ciudades de barro y de mármol, en territorios universales y, a la vez, solamente nuestros.

¿Y la mujer amada? "Alguien me pregunta hace apenas unas horas el nombre de la mujer que más he amado y respondo sin elaboraciones: la que me he inventado". Esa mujer, que no existe como una figura única e identificable, aparece y reaparece en mujeres reales, o la sueña el autor. A veces la reinventa, por ejemplo, como musa para sus escritos. Otras veces huye de ella y otras la necesita imperiosamente. Pero sabe que no está en ninguna parte, fuera de todas esas páginas y pinturas y sonidos, y que, si fugazmente se hace corpórea en una mujer específica, pronto aparecerá en otra, y es solamente un deseo, para siempre un deseo. Como deseo, como amor-nostalgia insaciable, la mujer inventada del amor está en poemas y en películas y en pinturas, tanto como en los recuerdos: es la Marisela de Enriquillo Sánchez, la Maga de Cortázar, tanto como esa muchacha que una vez le sostuvo las manos en el Callejón de los Curas.

"Me vivo por el corazón", le dice el autor a Enriquillo Sánchez. Por amistad no digo, para que no parezca que echo flores a mi amigo, cuánto admiramos todos los que lo conocemos ese vivirse por el corazón, unido al hecho irónico y sin embargo esencial de que el autor sea cardiólogo, por profesión, vocación y *pane lucrando*. Pero el corazón es uno, el de las diástoles y sístoles, y el de la metáfora. Es el que late y tiene pálpitos, el que salta en el pecho cuando abrazamos al amado, y también cuando escuchamos el poema o la música que nos conmocionan. El corazón sabe que nunca satisfará su deseo, que su deseo es nostalgia sin remedio y sin embargo dulcísima, y que la guardan los poemas y la música, como a una flor abierta y olorosa "que duerme el silencio" y que despierta cada vez que nos enamoramos. Esa nostalgia, inalcanzable aunque la tengamos en los brazos, es la que se nutre de poemas, músicas y amores, que a la vez la preservan y deletrean su verdad. Corroborando el temor de Platón, es nuestro cuerpo el que se entrega a ese amor sin saciedad posible, y son los sentidos los que captan su misterio y su belleza, por el arte y gracias al arte.

Jochy Herrera cita al poeta René Rodríguez Soriano: "para saberte a ti sin desperdicios, no hay que esperar a que des la vuelta; no hay que acudir al braille ni al botánico, sólo apagar la luz y desnudarte". Toda conversación, la de las palabras y la del amor, la de la interpretación artística, la de los ojos con otros ojos, la de las manos con otras manos, todo tipo de conversación es un arte, un artificio y un hilvanar de elementos que forman estructuras, ya sean morfemas, palabras o silencios, siguiendo reglas, ritmos, intercambiando significados presentes o no, articulando intenciones. El arte, lejos de ser un capricho delicioso y superfluo, está en el lenguaje, que está en el cuerpo, y el cuerpo sabe decir la verdad pero también sabe embaucar, si sabe hablar. No todos somos artistas, porque no todos tenemos el talento y las destrezas necesarias, pero todos podemos sentir los efectos reveladores del arte, porque el cuerpo tiene, por sí mismo, los ritmos y percepciones del arte, y el arte es una habilidad inherente a la especie humana, desde el Pleistoceno hasta nuestro Holoceno. Este libro es un testimonio inspirado e inspirador de lo que significa el arte en nuestra vida.

Graciela Reyes
Universidad de Illinois, Chicago

Provocaciones 1

Decir dice

En el ensayo *El efecto de fascinación*, Pedro Geltman argumenta cómo la vida moderna parece haber perdido su encanto; cómo muchos, hoy día, desconocemos eso de "quedar fascinado, encantado" frente a un fenómeno natural, una expresión artística o simplemente los gestos o movimientos de un niño, una mujer o un anciano. Parecería que ya no hay magia en nuestra vida ni misterios inescrutables; ya no sabemos qué es lo inefable, lo maravilloso, lo sublime, afirma el autor. El impulso creativo, según Geltman, no es en realidad otra cosa que el intento de retener y perpetuar la experiencia fascinante; y el artista, místico y profeta, la eterniza: el poeta en el canto, el músico en el sonido, el arquitecto en las formas... Lo fascinante se desdobla: "En todos los casos se trata de atrapar aquello en que uno ha sido atrapado, atrapar lo totalmente otro en una actividad totalmente otra (...) donde el seductor se propone fascinar a los demás".

Si partimos del simbolismo de la seducción allende lo corporal, lo erótico o lo sentimental, descubriremos que el acto de provocación artística, en su sentido lúdico, lleva en sí mismo el poder de la atracción, la evocación y la complicidad observador-creador. Es ésta justamente, la intención de *Seducir los sentidos*: el convertirse en un fajo de impresiones, conjuros y lucubraciones destinadas a cautivar al lector. Sin pretensión de erudición crítica o de compendio organizado, los capítulos que ordenan estos textos quisieran ser un *collage* facilitador de respuestas a la duda que sorprenda todo curioso por el arte: ¿Para qué sirve?

Según Octavio Paz, la experiencia artística acuna el poder de la revelación, para Duvignaud, ella tiene el poder de la anticipación; si Kavolis la reconoce como instrumento de cambio social, Malraux agradece que gracias a ella, la civilización no se extinguirá jamás. Y tal como nos recuerda la ensayista Roselia Level, para Jean Lyotard, el arte tiene además "el poder de la redención, porque el arte libera al alma".

Seducir los sentidos nació en Chicago, epicentro de mi trabajo literario y periodístico; parte de su contenido fue acogido en las páginas de la revista *contratiempo* donde aparecieron la mayoría de estos textos entre 2003 y 2009. Hijos de la diáspora, otros fueron publicados en *Agenda del Sur* (Argentina), *La Jornada Semanal* (México), *Cielonaranja* (Alemania), *País Cultural* (República Dominicana), *mediaIsla* (Florida) y *Ventana Abierta* (California). Es de rigor, por lo tanto, reconocer y agradecer a cada uno de los directores editoriales de *contratiempo* el haber guiado los saltos de mis palabras a lo largo del último lustro y medio.

La lectura de *Seducir los sentidos* revelará, en el mejor de los casos, cada una de las múltiples funciones que la creación pudiese cumplir: la persuasiva, la didáctica, la estética, ideológica, mágica, y también la mítica. Así, en el primer grupo de textos, **La palabra lúdica**, intentamos penetrar al territorio de lo escrito, la aventura del libro: "El más asombroso entre los diversos instrumentos del hombre, extensión de la memoria y de la imaginación", según contaba Borges. **La mirada espejo**, donde el ojo es instrumento y ya no simple ente pasivo receptor, repasa igualmente la memoria y los sueños, habitantes del cine y la pintura. Esta vez, la imaginación podría ser Goya, Klimt o Schiele —maestros de lo visual e iconos de lo prohibido—, protagonistas de una forma de modernidad donde el artista ha asumido el rol de ser nosotros, y su obra, el de ser ellos.

La música, por otra parte, es "el lenguaje de las cosas, el que les da vida", y en **Escuchar la idea** se repasan algunos pasajes de dicho género en los confines del mundo latinoamericano: el merengue, la bachata, el canto garífuna y el *rock* argentino. Ya lo había dicho Shakespeare: "El hombre que no tiene música en su interior (...) es capaz de todas las traiciones, de todas las insidias y de todos los latrocinios". De igual forma, el escritor dominicano León David ha sentenciado que la música, "con su carga renovada de vida nueva, se adhiere como el musgo a la piedra húmeda, a la zona más genuina, feraz y permanente de la propia existencia". Y es por ello que con la lucidez grandiosa del poeta, indica que la música es la añoranza y la promesa de un mundo mejor que si nos lo proponemos, acaso podamos entre todos construir.

Conversaciones, agrupa las entrevistas que me permitieron el lujo de conocer, aprender y fascinarme con personajes del arte, la música y la palabra: Luis Eduardo Aute, Fernando Savater y Eduardo Galeano, entre otros.

Rastros, más que revivir huellas y gastar homenajes a los ausentes, me da la oportunidad de declarar la alegría, el asombro y la magia que la partida de algunos *famas* me provocaron.

En **La morada de los mitos,** por último, aparecen, quizás como los únicos arrebatos de ficción de este libro, mi yo interior, el entorno —la ciudad— y lo imaginario; es decir, he sido atrapado por la seducción. Mas no por la que reduce toda libertad a un simulacro —el mercantil—, a la libertad de mercado contra la que nos alerta Baudrillard. En estas páginas me ha vencido la certeza protagónica de los sentidos y su innata capacidad delatora. Tal como lo sucedido a los pobladores del Paleolítico, hace miles de años, en pos de mi propia comprensión y la de mis congéneres, me ha vencido el arte. Les invito a ser cómplices.

El autor

La seducción:
desde la serpiente a la modernidad

Me da miedo verte, miedo a darte miedo.
I can't help myself, though...

La seducción, televisada hoy día como vulgar acto inútil, vendida en todos los colores incluyendo el de la mentira, traicionada y olvidada, nos merece la atención y también su rescate. En un texto aparecido en el diario mexicano *El Universal* la autora nos incitaba a meditar sobre la seducción a partir de las observaciones de que "...seducir es morir como realidad y producirse como ilusión... el miedo del seductor es ser seducido, pero es el ser seducido lo que resulta seductor..."

Proveniente del griego *apatáo* (engañar, defraudar, traicionar) en su acepción latina seducir es *seducere*: engañar, persuadir suavemente al mal. Una definición opuesta a la de los clásicos cuya contextualización se originó en la traducción de la Biblia de San Jerónimo, hecho que me lleva a sugerir que históricamente la seducción ha viajado más allá de los territorios de la desidia, la mentira y la maldad. Ella es esencialmente un rito y acto de supervivencia, una propuesta que sus protagonistas rehúsan abandonar alimentándola en una danza que es ahora sueño y mañana realidad, un interminable bolero que es hechizo y es rechazo, y en consecuencia, pacto.

La historia y los personajes de *Caperucita*, *La Celestina*, *Don Juan* y *La Bella Durmiente*, son referencias literarias que en cada uno de sus contextos intentan con mayor o menor éxito reinventar la seducción: Juan Ruiz, Arcipreste de Hita, es el arquetípico seductor fracasado en *El Libro de buen amor*; a Caperucita, a pesar de lo feroz de aquel animal, es la inocencia que le seduce; el éxito de *La Bella Durmiente*, su "final feliz", es la antítesis de la seducción pues ésta se esfuma tras la consumación del logro.

El personaje de Juana de Castilla (Juana la Loca), hija de Isabel y Fernando, Reyes Católicos de la España de fines del siglo XV, casada por arreglo con Felipe el Hermoso, Archiduque de Austria, es reinventado a través de la colegiala Lucía y su profesor Manuel, quien obsesionado con Juana la Loca, transforma la alumna en reina. Se trata de *El pergamino de la seducción*, la novela de Gioconda Belli caracterizada por la autora como "un intento de reivindicar a la mujer apasionada". (Cabría preguntarse si acaso la mujer se reivindica ejerciendo o siendo víctima de la seducción estilo masculino; o si tal como Juana la Loca, continúa sucumbiendo ante las tramas del poder del macho o de la historia oficial del mercado junto a la otra víctima: el hombre mismo).

La idea de que el logro final de la seducción indique "su muerte como realidad y su nacimiento como ilusión" es quizás mejor comprendida a partir de la fábula del pecado original: el consumo del árbol prohibido de la ciencia, del bien y del mal, resultado de la tentación del demonio, llevó al castigo de Adán, Eva y toda la humanidad. Les condenó al destierro del jardín del Edén, al pecado, a la muerte, la enfermedad y el trabajo. La historia narrada en *Génesis* 3:19 es común a las tres grandes religiones monoteístas (judaísmo, cristianismo e Islam), sin embargo, su interpretación varía entre las denominaciones. En el cristianismo, por ejemplo, la doctrina respecto a la seducción de Eva (que se establece a partir del Concilio de Cartago con los textos de San Agustín de Hipona) sostenía la noción de una corrupción fundamental de la naturaleza humana. Ulteriores interpretaciones antropológicas y psicoanalíticas de este pasaje bíblico le atribuyen una alegoría de acto sexual, adjudicándole a Eva una responsabilidad de pecadora, víctima ella a su vez de Satán, *Shaitan,* "el tentador".

Las cartas de Cordelia dicen así: "Johannes, no te llamo mío... comprendo perfectamente que jamás lo fuiste y por eso me siento castigada con tanta dureza por haberme aferrado a esa idea como a mi única alegría. Pero te llamo mío, mi seductor, mi embaucador, mi enemigo, origen de mi desventura, tumba de mi dicha, abismo de mi desdicha (...) te llamo mío y me considero tuya...". Se trata de Soren Kierkegaard, filósofo danés y cristiano radical del siglo XIX quien con indudable tono autobiográfico, se confiesa en *El diario de un seductor.*

En este libro fundamental del pensamiento pre-existencialista, Kierkegaard se proyecta en un Johannes que no desea la posesión física (la cual destruiría la seducción misma), porque el sexo no la es, ni tampoco la niega, tal como afirma el poeta español Leopoldo Panero en homenaje:

No es tu sexo lo que en tu sexo busco
sino ensuciar tu alma: desflorar
con todo el barro de la vida
lo que aún no ha vivido.

Kierkegaard es un angustiado ser que persigue alimentar y perpetuar la pasión por Cordelia invadiendo y sublimando cada rincón de sus emociones, sobreviviendo de esa forma la más profunda de las angustias: la incomprensión de su propia tristeza.

En la cronología del hombre Neardenthal se hace difícil estudiar el fenómeno de la seducción sin caer en especulaciones. A mi parecer, nuestros antepasados carecían de la conciencia de la seducción quizás por una razón esencial: la hembra o el macho existían a merced del instinto. Con el transcurrir de los siglos, la evolución de la pareja se desarrolló paralelamente al grado de dominio que sobre la naturaleza ejercía el hombre; así, la aparición de asentamientos poblacionales llevó a la desaparición de la cultura nómada y las relaciones libres entre la horda. El culto a los dioses, las relaciones de poder (nobleza o clase) y la monogamia (en la cultura occidental), sellaron de manera definitiva los modelos de apareamiento humanos.

Por otra parte, si partimos del simbolismo de la seducción más allá de lo corporal, lo erótico o lo sentimental, podemos notar que el acto de provocación artística, en su sentido lúdico, lleva en sí mismo el poder de la atracción, la evocación y la complicidad observador-creador. Es decir, se puede, y es deber de todo artista, sacudir el ojo, la memoria o el oído de quien recurre a cualquier expresión en pos de algo: sea ello la estricta satisfacción sensorial, el placer provocado por una pieza musical, un texto, un grabado, o en el mejor de los casos, la seducción del pensamiento.

"¿Qué queda entonces de la fuerza reversible de la seducción?" pregunta el ensayista Martín Cuccorese; el autor de *Jean Baudrillard y la seducción* se responde a sí mismo indicando que "bajo el genio maligno de ella, todo escapa a su finalidad. Incluso al pensamiento se le escabullen sus propósitos. Desligado de cualquier función política, social o comunicacional, el pensar ya no es más que una apariencia que juega con otras apariencias, las del mundo".

Colofón

Hemos arribado al amor virtual del *webcam* y del *chateo*, la antipoesía en busca de pareja; a la satisfacción inmediata del *momento Kodak* y los mentirosos *pixels* de los comerciales; a los "manuales de conquista" bajados del Internet que garantizan el éxito por sólo $19.99. Hemos llegado al frío romance instantáneo y a la muerte de la imaginación: en el siglo XXI, control remoto en mano, perseguimos en pantalla los vestigios de aquellas epopeyas de Quevedo o Baudelaire.

Aún más: ¿Acaso ha cesado el arte de provocarnos?, ocupadas nuestras existencias por el afán del mercado, ¿habremos olvidado los sueños? Mientras tanto, yo seduzco, tú seduces, y por favor no te detengas. Aún no hemos asesinado la esperanza.

La palabra lúdica 2

Escribir, es decir,
pensar en español en Chicago

Escribir en la lengua de uno en el país del otro es signo de afirmación
o de locura, de amor o de odio, de soledad o solidaridad, de regodeo
o indiferencia, de atrevimiento o cobardía, de fijación en el pasado
o deseo de porvenir, de ardiente fe o nihilismo.
Leda Schiavo

En mayo de 2003 aparecía en esta ciudad el primer número de la revista cultural *contratiempo* en el que aparte de reflexionar sobre la otrora joven guerra de Irak, se publicaba un mini *dossier* titulado "Literatura en español de Chicago". Nótese, no **en**, sino **de** Chicago; en aquel ejemplar se hacía evidente que el colectivo colaborador y fundador de dicha revista, desde sus orígenes, reconocía una realidad ya reflejada en las que precedieron a *contratiempo*: la existencia de una "forma" de literatura local. Una expresión propia, en español, que reunía las suficientes características de identidad que la separaban del resto de los escritores latinos de Estados Unidos, en particular los de New York, el suroeste norteamericano y por supuesto, el movimiento chicano.

Incesto literario

He partido de *contratiempo* para a vuelo de pájaro, revisar la historia, evolución y —¡vaya ambiciosa tarea!— el futuro de la literatura en español de esta ciudad; ello no por razones antojadizas sino porque dicha revista representa el esfuerzo literario local más formal y de mayor duración desde la publicación pionera de *Tres Américas: Revista cultural* (1990 - 1996). Cabe decir que la mayoría de los colaboradores y patrocinadores de *contratiempo* han sido los gestores y escritores de todas las revistas literarias nacidas en Chicago en lo que parecería una "incestuosa" relación.

Otra razón de por qué partir de *contratiempo* es que quizás, un tanto diferente a sus predecesores, este proyecto ha ejercido un triple rol: además de cumplir la tarea obvia de diseminar la cultura y reflejarla, *contratiempo* ha sido una plataforma para la formación, maduración y difusión de la creación artística y literaria local; tanto para los jóvenes como para otros más reconocidos. En lo referente al proceso editorial mismo, la apertura de sus páginas a nuevos estilos y autores ha fortalecido las letras de Chicago en un proceso simbiótico: ha catalizado el desarrollo literario a través de talleres, lecturas, concursos, y más recientemente con el lanzamiento de Ediciones Vocesueltas.

¿Por qué en español?

Responder el por qué se escoge una lengua particular para escribir va más allá del propósito de este texto; sin embargo, es inevitable observar que los escritores latinos que ejercen su oficio desde Chicago lo hagan en español a pesar de que la mayoría sean bilingües, incluyendo algunos que han publicado en inglés. Igualmente, Chicago no está entre las primeras tres ciudades hispanoparlantes de Estados Unidos y sin embargo, tiene una población latina muy peculiar que incluye no sólo la generación de migrantes pioneros de principio del siglo XX, fundamentalmente mexicanos y puertorriqueños que se emplearon en la industria siderúrgica y de empaque de carne, sino una "reciente" ola de artistas, escritores y profesionales que han emigrado ya con una cierta formación a sus espaldas que se continúa desarrollando localmente. En ese proceso el escritor que emigra, a la vez que usa sus marcos de referencia y recursos personales, incorpora y modifica los locales, lo nuevo de su entorno, *nihilismos* aparte.

Y esta preocupación de por qué en español no es nueva. Ya la habían enunciado los fundadores de *Tres Américas* en su primer número veinte años atrás cuando dijeron "que creían obstinadamente en el lenguaje e intentaban arrancarle algunos de sus secretos. Piensan, sueñan, aman y sufren en español. Y en español escriben (...) por la necesidad real de indagar sus orígenes, de mantener vivas sus tradiciones, de dialogar con ellos mismos y con su gente". Esta frase, extraída del prólogo de la primera edición de la única antología de literatura latina de Chicago, *Voces en el viento: nuevas ficciones desde Chicago* — compilada por el fallecido profesor John Barry — lucía dar una clara visión futurista. Barry, amigo, admirador y estudioso de la ficción y la poética escrita desde esta ciudad, se atrevió a afirmar en 1999 que lo que estaba ocurriendo en Chicago "constituía un movimiento literario en las letras españolas". John Barry describió las confluencias de este movimiento, sus características y hasta sus motivaciones; y denunció, tal como también lo hiciera Mark Zimmerman en 1992, cómo los latinos y la literatura del medioeste han sido ignorados. ¿Efecto geográfico por predominancia de las ciudades de la costa?, ¿desinterés de los estudiosos?, ¿ausencia de instrumentos de diseminación? Lo desconocemos, mas continuamos convencidos, y los hechos así lo han demostrado, que la literatura en español de Chicago es de por sí un movimiento real, sólido, y sobre todo de creciente calidad y variedad.

El destacado escritor, académico y ensayista Julio César Ortega ha planteado que recientemente la lengua española ha sido capaz de "ocupar el inglés", un hecho evidente entre los escritores de origen latino que escriben un inglés enunciado desde el español. Ortega enfatiza que el español moderno en el Norte ejerce un principio de pluralidad, una función sorprendente que es el resultado de un mundo globalizado: "...en efecto, el castellano es muchas lenguas, pero sobre todo es el idioma de la cultura, *la lengua franca*, se diría, del futuro". Las lenguas nacionales de América Latina, afirma Ortega, han excedido las fronteras al expandirse como nuevos umbrales entre espacios de sanción. Lenguas que han "gestado su propia historia social, hecha a la intemperie del exilio, en el albergue de la memoria..." Es de tal forma que según el respetado profesor, el español en los Estados Unidos humaniza el espacio contrario, abre pasajes de concurrencia y celebración separándose de la marca de origen marginal que a pesar de aún prevalecer, tiende a desaparecer. A mi parecer, no hay mejor respuesta al encabezamiento de este párrafo que el argumento indicado por Ortega.

Literatura de exilio

La historia laboral e industrial de Chicago explica parcialmente el arco iris del migrante y del latino en particular, hecho que ha logrado enriquecer culturalmente una ciudad de naturaleza anglo fuertemente influenciada por la migración europea del siglo XIX. Contrario a ciudades como New York, Los Angeles y Miami (aunque no más recientemente), Chicago posee la peculiaridad de que los dos grupos latinos predominantes, el mexicano y el puertorriqueño, han sido rodeados de manera acelerada durante las últimas tres décadas por migrantes de Centroamérica, el Caribe y Suramérica. Éstos ejercen una activísima función social que ha enriquecido el arco iris cultural de la ciudad (el Consejo editorial, los colaboradores y los miembros del taller literario de *contratiempo* así lo ilustran al contar ellos con hondureños, argentinos, chilenos, dominicanos y nicaragüenses, grupos "minoritarios" entre los latinos residentes en este país).

Tal perfil étnico, por así decirlo, sostiene una de las pocas caracterizaciones de la literatura de Chicago propuestas por los académicos: el que ella no es una literatura colonial ni de minorías, sino de exilio. Es la tesis del profesor Mark Zimmerman (University of Texas-Houston), quien afirma que contrario a la literatura de New York y la colonial del noreste de México, en la de Chicago se destacan tres grupos de inmigrantes que la han conformado: la expresión pionera mexicana que usó la literatura popular; la de sus hijos, que se da en inglés y desde el ángulo de una "minoría trabajadora"; y la expresión de los migrantes posteriores a la década de 1970, como ya se ha mencionado.

Barry, a su vez, describe los rasgos de la creación literaria de Chicago: ella abarca los estilos de escritores tradicionales, los eclécticos y hasta los que experimentan con el lenguaje al incorporar el *spanglish*, el periodismo y el coloquio, el diario, la prosa o la poesía dentro de los géneros "tradicionales" de ficción y ensayo. Yo añadiría que la temática de la literatura de Chicago va de lo fantástico a lo realista, de lo regional al país de origen y de lo erótico a lo filosófico, siempre enmarcada dentro de lo local y de lo que se ha dejado atrás. Una suerte de aceptación del escritor de que su nuevo entorno es parte de su ser, mas no el todo; el convencimiento de que crear en español es de alguna manera su más fuerte recurso, el arma más poderosa para mantener una identidad que se enriquece a expensas del nuevo lugar de residencia.

Sería imposible enumerar los escritores de Chicago y sus respectivos logros en este breve texto, sin embargo, creo prudente mencionar los más publicados en cada género tanto en medios locales como foráneos. En cuento: Raúl Dorantes, Bernardo Navia, Margarita Saona, Mario Hernández Gallardo, Gerardo Cárdenas, Fernando Olszanski, om ulloa, Francisco Piña, Graciela Reyes, Febronio Zatarain, Mario Andino, Alejandro Ferrer, Adolfo Colón, Alfonso Díaz, Enrique Murillo y Ricardo Armijo; en teatro: Raúl Dorantes y José Castro Urioste; en novela: León Leiva, Alejandro Ferrer, Fernando Olszanski, Mario Hernández Gallardo y José Castro Urioste; en poesía: Leda Schiavo, Jorge Hernández, om ulloa, Juana Georgen, Febronio Zatarain, Johanny Vázquez, Olivia Maciel, Eduardo Urios, Beatriz Badikian, Jorge Frisancho, Jorge García y León Leiva; en ensayo: Marco Escalante, Víctor Cortez, Julio Rangel y José Ángel Navejas.

Logros y desafíos

contratiempo ha logrado reactivar el quehacer literario de Chicago no sólo como publicación sino como una propuesta o proyecto más abarcador; en tal sentido habría que enumerar algunas de las actividades que bajo su patrocinio y copatrocinio han expandido y desarrollado la literatura local: El Premio Anual de Ficción John Barry (2006, 2007, 2008 y 2009), El Coloquio de la Lengua (2005), El Primer Encuentro Nacional de Publicaciones Bilingües y en Español (2007), el Festival Poesía en Abril (2008 y 2009) así como el panel *Sol, piedra y sombras* parte del programa *The Big Read*,

Chicago Style (2009). Por supuesto que múltiples instituciones y organizaciones académicas y culturales han sido partícipes de estos logros, una vez más mostrando cómo *contratiempo* es espejo y reflejo de la creación literaria y artística de la Ciudad de los Vientos.

En lo referente a libros, algunas editoriales locales han publicado varios autores durante los últimos diez años: Ediciones Grupo Esperante, Swan Isle Press y MARCH/Abrazo Press; el más reciente evento editorial en la ciudad es precisamente Ediciones Vocesueltas, un proyecto nacido de la entrañas de *contratiempo* que persigue la promoción de literatura local de calidad y una proyección nacional que deberá romper las grandes barreras existentes en el mundo del negocio del libro. Los primeros hijos de Ediciones Vocesueltas son *Vocesueltas: Cuatro cuentistas de Chicago* (Dorantes, Navia, Olszanski y ulloa) prologada por Luis Leal; *Desarraigos: Cuatro poetas de Chicago* (Leiva, Hernández, Zatarain y Georgen), prologada por Hugo Gutiérrez Vega, y el ensayo *Extrasístoles (y otros accidentes)* de Jochy Herrera, prologado por Francisco González-Crussí.

Dos décadas atrás, no sólo aún vivían dos grandes *fans* de la literatura de Chicago (Ricardo Armijo y John Barry); no sólo eran un puñado los latinos involucrados en la creación literaria desde este centro urbano; no sólo no existía ni una sola obra publicada desde aquí, sino que pocos imaginaron cuánta letra y cuántas páginas iban a llover por estos lares. Cuentos, poemas, ensayos, reportajes, novelas, dramas y adaptaciones teatrales, inéditos o publicados, ya abundan entre los círculos artísticos y académicos de Chicago. Cabría preguntarse si alguien más lo sabe.

La fábrica del cuerpo

Con detalle y brillantez particulares a su oficio, el destacado anatomopatólogo mexicano Francisco González-Crussí, analiza la evolución histórica, antropológica y cultural del cuerpo humano a través de las civilizaciones. El ensayo de 150 páginas titulado *La fábrica del cuerpo* publicado en la edición Cuadernos de Quirón (2006), parte de la premisa de que hoy el cuerpo es "fábrica", una máquina contenedora de la esencia del hombre: células, órganos y esqueleto, mas una fábrica a la que la modernidad y la ciencia le han arrebatado el espíritu, ese otro componente que le humaniza.

La figura del centauro Quirón es explícita y oportunamente escogida para dar título a la colección iniciada con esta obra. De acuerdo a la mitología, Quirón fue no sólo un prestigioso médico de la escuela de Asclepio, sino también un honorable paciente, quien tras ser herido por el gran Hércules, en un acto de eutanasia primitiva, prefiere escoger su mortalidad a la perpetuación del sufrimiento físico.

González-Crussí no es únicamente un reconocido autor de textos y revistas médicas y profesor de Patología de la

Universidad de Northwestern en Chicago, sino también un prolijo ensayista que aprovecha el privilegio de su profesión para crear, es decir, para hacer literatura. Algunos de sus textos, antologados en inglés y en castellano, han sido premiados por organizaciones como la Society of Midland Authors. Tal es el caso de *Notes of an Anatomist*, uno de sus libros más conocidos.

Entender el cuerpo a través de la historia

Nuestros antepasados *homo sapiens*, tras erguirse y convertirse en bípedos, parecieron tomar conciencia a través de su cuerpo ya que el caminar les brindó la oportunidad de emprender la búsqueda de su destino. Esta idea quedó claramente evidenciada en el arte rupestre, ilustrador, más que nada, de la interacción del hombre primitivo con su entorno. Siglos después, los griegos consideraron la belleza corporal parte esencial del existir al ella proveer el equilibrio entre el ser y el saber; de hecho, la primera educación que los jóvenes helénicos recibían era la referente al uso del cuerpo, algo nada sorprendente ya que toda su mitología se circunscribía en torno a éste.

Tras la llegada del Renacimiento el hombre mide y construye su mundo a través del cuerpo y el cuerpo es la medida de todo lo existente. En *El hombre de Vitrubio* Leonardo da Vinci se inspira a partir del texto *De Arquitectura*, escrito en el siglo I antes de nuestra era, y muestra la visión del ser humano como centro del Universo: las partes corporales, en concreto el ombligo y los genitales, demarcan "la proporción áurea" y su relación con la naturaleza. Las artes y la filosofía renacentistas dotan así al cuerpo de emociones, sean éstas de índole romántica, ilustrativas del dolor padecido por la humanidad o recordatorias del dominio divino.

Hasta el Renacimiento temprano, el conocimiento médico se había basado en el empirismo teórico heredado de Galeno e Hipócrates quienes desarrollaron sus planteamientos a través del estudio de los órganos animales ya que nunca exploraron el cuerpo humano. La sociedad grecorromana, opuesta a la disección del cadáver, impedía a los filósofos y médicos acercarse al cuerpo humano y su estudio. Tras las conquistas de Alejandro Magno, la dinastía egipcia de Ptolomeo, empeñada en convertir a Alejandría en el verdadero "cuartel general" del conocimiento, y siguiendo los preceptos aristotélicos de que el estudio del cuerpo únicamente era posible mientras el sujeto vivía, autoriza a Eristrato y Herófilo a conducir autopsias no sólo en los muertos, sino en desdichados reos condenados a muerte quienes eran literalmente desollados en carne viva en pos de la verdad científica.

El resto es conocido: tras la caída del Imperio romano el estudio de las ciencias médicas sufre un retraso que se extendió por casi dos milenios en parte consecuencia de la oposición a la exploración del cadáver que predominó a través de las diferentes civilizaciones. No fue sino hasta los albores del siglo XIII cuando se autorizaron de nuevo las autopsias y la Universidad de Padua se convierte así en pionera del avance de la anatomía en toda Europa.

La revolución del cuerpo

Debió aparecer un tratado fundamental, *De humani corporis fabrica libri septem*, para que la medicina sufriese una primera gran revolución. Su autor, el belga Andrés Vesalio lo publica en 1543 contando apenas con 28 años de edad y en él detalla la anatomía humana en una narración que se apoya en poderosas imágenes que se alejan de la errónea enseñanza tradicional.

La fábrica del cuerpo de González-Crussí parte del texto de Vesalio y nos pasea a través de la historia ilustrando al lector inexperto sobre los rumbos que la interpretación del cuerpo humano ha tomado. Se trata de una obra de evidente índole médica, pero no es un texto de medicina. Así lo deja implícito el Secretario de Salud mexicano en sus palabras introductorias donde el funcionario, a mi parecer, está en lo justo cuando establece que la literatura es uno de esos fenómenos que acercan el médico al paciente o viceversa. En el terreno común de las palabras, afirma, ambos protagonistas comparten la celda de dolor que atrapa el enfermo y la torre de marfil en que reside la figura portentosa del médico moderno.

Esta suerte de "llamado de alerta" a dicha profesión es precisamente el punto clave del libro: una invitación al reencuentro del cuerpo como sostén del individuo en su globalidad a partir del conocimiento de los componentes de su fábrica. Sean éstos las más complejas partículas celulares del ADN o la simple anatomía muscular, un encuentro donde el profesional de la salud rescate la "humanidad" de su ejercicio.

Ya se ha dicho que la división impuesta por el cogito cartesiano, *ego cogito, ergo sum*, separó la concepción del mundo y de las cosas en lo pensante y el resto. La práctica médica no se libró de tal hecho al permitir el desarrollo del abismo que la tecnología moderna ha establecido entre el enfermo y el médico. González-Crussí se pregunta si al ver el cuerpo de un hombre, ¿vemos un cuerpo o vemos un hombre? La obvia respuesta es, en palabras de Ortega y Gasset, "que el hombre no es sólo cuerpo, sino que detrás del cuerpo hay una psique, un espíritu o conciencia, o como se llame lo que antes se decía *alma*".

El proceso en que esta obra se embarca, entre anécdotas y anécdotas, entre páginas y páginas que arman el engranaje de la historia del cuerpo, pudiera bien definirse como "el descubrimiento del ser". Y en dicho viaje el autor ha desafiado al lector virgen a adentrarse en los vericuetos del teatro anatómico, a los asuntos de la patología y a las inquietudes o meditaciones que el escenario de la muerte, tradicionalmente estereotipado como tétrico o mórbido, podría facilitarnos a fin de lograr una mejor comprensión de nuestro ser y un ejercicio médico más justo.

The Brief Wondrous Life Of Oscar Wao: Junot Díaz y la joven narrativa anglo-dominicana

El escritor Junot Díaz arribó a los Estados Unidos con apenas seis años de edad cuando miles de compatriotas en las décadas de 1970-1980 dejaban la isla en busca de mejor futuro; creció y vivió en los barrios de New Jersey donde latinos y afroamericanos compartían la misma pobreza y las mismas esperanzas. Tras una niñez de cuyo recuerdo queda "el olor a basura quemada del vecindario mezclado con miles de gaviotas en medio del calor veraniego", Díaz completó estudios de Literatura en las Universidades de Rutgers y Cornell hasta llegar a desempeñarse como profesor en el prestigioso Massachussets Institute of Technology.

Su entrada al reconocimiento literario en Norteamérica empieza con cuentos cortos que aparecían en *The New Yorker*, revista que lo seleccionó entre los veinte mejores escritores del siglo XXI, y se establece con la antología *Drown* (Riverhead Books, 1996). La temática de Junot Díaz se enfoca hacia la dualidad del sujeto inmigrante, las imágenes de autoridad, el racismo, la destrucción de los iconos de la dominicanidad que a gobernantes e historiadores se les ha antojado crear y en la desmitificación de la masculinidad y sexualidad estereotípicas de su lugar de origen. *The Brief Wondrous Life of Oscar Wao* (Riverhead Books, 2007), primera novela de Junot, aclamada por la crítica norteamericana que ha catalogado el estilo del autor "entre el periodismo y la lengua del poeta".

Conversando con Junot Díaz, le comentamos cómo las primeras palabras que aparecen en el libro son su dedicatoria *to el pueblo dominicano*. Quisimos que explicara este hecho ya que él ha vivido seis veces más tiempo en Estados Unidos que en la República Dominicana a lo que nos respondió: "...algo que los que no han emigrado no entienden es que nosotros, en mi casa de New Jersey, nunca nos fuimos de Santo Domingo; mas al mismo tiempo lo dejamos por completo ¿Cómo se le explica esto a alguien? Una persona o sabe lo que significa ser simultáneamente alguien y nadie, o no lo sabe".

The Brief Wondrous Life of Oscar Wao es una historia compleja y abarcadora quizás más allá del implícito propósito de su autor: conectar generaciones en mundos simultáneos pero no paralelos (los migrantes en Estados Unidos y los que se quedaron en la isla) partiendo de la creencia popular dominicana que explica el devenir nacional y personal en un fallo predestinado, una forma de maldición inevitable —*el fucú*—, *cuyo kilómetro cero es Santo Domingo*. El argumento debe ser comprendido en el contexto histórico de un territorio dividido en dos países que comparten más que una frontera: tanto Haití como la República Dominicana entraron al siglo XX tras prolongadas intervenciones militares norteamericanas que "organizaron" las fuerzas armadas y las instituciones del Estado; ambos países sufrieron una migración en masa motivada por la pobreza y la represión política de Rafael Leonidas Trujillo y Jean Claude Duvalier, respectivamente, dictaduras sin paralelo en los anales de la historia de Latinoamérica.

Tanto la diáspora haitiana como la dominicana han redefinido el horizonte de la "nacionalidad" al asimilar el país donde emigran mientras simultáneamente sostienen con remesas las diezmadas economías de sus naciones ancestrales. En este sentido, compartimos con el autor un comentario de Jess Tow, crítico literario del *New York Times Book Review*, sobre *Brother I'm Dying* (Alfred Knopf, 2007), de la escritora haitiana Edwidge Danticat, amiga y contemporánea de Junot. Tow sugiere que en dicha autobiografía encontramos el dilema confrontado por los haitianos en Estados Unidos al cuestionarse si son inmigrantes, hijos de éstos o exilados; argumenta sobre la existencia de un exilio psíquico autoimpuesto que se acompaña de una sensación de alienación y aislamiento dentro de la cultura adoptada.

Al preguntarle si el trabajo de Danticat y el suyo están quizás redefiniendo sus respectivas comunidades en Estados Unidos, Díaz afirma: "...dudo que los artistas dispongamos del poder de redefinir una colectividad; aunque no puedo hablar por Edwidge, yo siento que si estoy haciendo algo es proveer un vocabulario, una visión que persigue describir, entender, criticar y desafiar lo que en términos generales se conoce como la diáspora dominicana".

Yunior narra la historia de la familia de su novia (Lola), a través de Oscar (hermano de ésta), abarcando tres generaciones consecutivas: los abuelos, diezmados por la dictadura de Trujillo tras negarse a entregarle su hermosa hija adolescente al sátrapa quien la requiere como favor sexual; Belicia, única hija sobreviviente, quien nunca conoce a sus padres ya que tras la muerte de éstos, es separada de la familia a pocos meses de nacida; Belicia es quien conecta la isla con la diáspora tras emigrar a Estados Unidos a través de la tercera generación de la familia Cabral, sus hijos Oscar y Lola.

Yunior habla sin protagonismo al ser incapaz de comprender la lógica del *fucú* ni la extraña conducta de Oscar; los instrumentos que le permiten acercarse a la historia y que conectan a ambos son los múltiples intertextos alusivos a la literatura y el cine de ciencia ficción que van desde *The Matrix*, *Los Cuatro Fantásticos*, *Marvel*, *X- Man* hasta *The Lord of The Rings* y la nomenclatura de J. R. Tolkien. Oscar vive por y entre estos personajes haciéndolos su único mundo; su negritud y sobrepeso le convierten en hazmerreír de allegados y hasta de su propia madre, incapaz de establecer comunicación con él; los amigos le rechazan porque lee mucho y, al no ser pelotero, bachatero o mujeriego, resulta demasiado raro como para tener novias, por lo que no comprenden "cómo él puede ser dominicano". A pesar de ser un hijo de la dictadura, en palabras del autor, Oscar desconoce su historia mientras dominado y atrapado por ella.

La fortaleza del lenguaje (que va del *spanglish* callejero a una trabajada prosa anglosajona), los poderosos personajes, la imaginación de Oscar, las referencias históricas a la dictadura, sus asesinatos y a los que trazaron la dominicanidad política del último siglo ("El Excelentísimo", "Generalísimo" Rafael Leonidas Trujillo, "Benefactor y Padre de la Patria Nueva", y Joaquín Balaguer, su cerebro político y sucesor), el juego de los capítulos que nos llevan de la isla a New Jersey en una estructura atemporal, son los lazos que conectan la *rayuela* de la novela. Mas es el silencio que permea tras el dolor de los hechos lo que a mi parecer adjudica el poder estremecedor presente en las trescientas páginas de la obra.

Al cuestionarle si el rol del silencio en su narrativa refleja apatía, desinterés o el aislamiento impuesto al dominicano;

Junot Díaz responde que "…eso sería muy fácil. Está también el silencio del trauma. La manera como perdemos las palabras cuando sentimos el dolor: sea éste psicológico o físico. Si te aplasto la mano con un martillo y te pido que me hables de la educación de tus hijos, ¿serías incapaz de hacerlo? Tal como lo ha dicho Scarry, el dolor reduce el mundo a dolor, es el final del lenguaje. El dolor crea el silencio".

Junot se ha autodefinido como un escritor que no sólo quiere contar historias sino romper las reglas: "tengo una agenda para escribir de política sin permitir que el lector piense que es política". Y su novela, que difiere de la novela histórica dominicana tradicional al ser menos documentalista y más "desafiante o denunciante", rompe muchas reglas.

Ante la interrogante de la reacción que su novela pueda motivar entre los intelectuales de República Dominicana, Junot afirma que "prefiere contemplar la reacción del pueblo dominicano como una totalidad, en toda su diversidad y no la de una parte "rarificada" de él. Un pueblo y un país que (…) dentro de diez años lucirá más libre, más hermoso y más regenerado. Mas sin embargo, me temo que la miseria, la corrupción y la impunidad continuarán".

El *Pulitzer*, los premios
y la Hispaniola de Junot Díaz
y Edwidge Danticat

Junot Díaz, ganador del premio *Pulitzer* 2008 en la categoría de ficción y escogido además por el National Book Critics Circle Award como autor del libro de ficción del año, alcanza estos logros con *The Brief Wondrous Life of Oscar Wao*, su primera novela. Ese mismo año, la haitiana Edwidge Danticat, logró también el reconocimiento de la National Critics Circle, para la mejor autobiografía con su libro *Brother I'm dying*. Esta es una curiosa coincidencia para La Hispaniola, isla que comparte, entre otras cosas, dos naciones: Haití y la República Dominicana, más las barbaries de la colonización. La historia contemporánea de dichos pueblos constituye la temática fundamental de ambos libros. Danticat y Díaz provienen de la diáspora de sus respectivos países y sus personajes parecerían ser eco de voces que siglos atrás, surgían entre aborígenes, esclavos y mulatos.

...either I'm nobody or I'm a nation, "o soy nadie o soy una nación" es un fragmento del poema de Derek Walcott que abre *The Brief Wondrous Life of Oscar Wao*, la manera como Díaz introduce la noción fundamental de esta novela, y en cierta medida, su visión sobre la identidad del inmigrante y de los pueblos colonizados: naciones donde la historia, o los que la hicieron, han "borrado a sus miembros, y donde éstos se sienten a su vez desconectados del resto". De acuerdo con el autor, Oscar Wao es el hijo de una de las más cruentas dictaduras, el trujillato, así como del Apocalipsis que significó el nacimiento del Nuevo Mundo. De forma magistral Junot narra la historia de Oscar a través de otra voz, la del primo Yunior, un sobreviviente; no un testigo ni un protagonista, al igual que los pueblos del Caribe.

Hubo de transcurrir casi un siglo desde la fundación de los *Pulitzer*, para que otro latino, además del cubano Oscar Hijuelos reconocido en 1990, recibiera esta distinción. Junot quiere explicar tal hecho afirmando que "el problema es de los jueces, no de los escritores". La lista de galardonados refleja la naturaleza del mérito: Ernest Hemingway, Norman Mailer, Carl Sandburg, Eugene O'Neill, William Faulkner, Upton Sinclair, Gwendolyn Brooks, Robert Frost y Tennesse Williams quienes recibieron reconocimientos desde el inicio del certamen en 1917 cuando apenas incluía un poco más de la mitad de las veintiún categorías actuales.

El Premio surgió del periodismo con la intención, según su fundador Joseph Pulitzer, de mantener "una prensa capaz y con suficiente valor y coraje para preservar la virtud pública sin la cual un gobierno popular sería una farsa". El trabajo de Pulitzer como periodista se caracterizó por la feroz oposición a la corrupción gubernamental, tema que ha predominado entre los premios periodísticos seleccionados por el jurado a través de los noventa años posteriores a su fundación.

Las reglas establecen que el premio en la categoría de ficción "...podrá ser recibido por un autor estadounidense, que preferiblemente trate temas relevantes a la vida en EEUU". Junot Díaz, quien odia las consecuencias de la fama, ha dicho que él es "solamente un muchacho dominicano de New Jersey", y al explicar el porqué del español que aparece en los pasajes de una novela escrita en inglés afirma que "no puede existir arte sin la incomprensión, y que ella está presente en todos los idiomas"; simultáneamente, invita al lector anglo a usar el diccionario y a no olvidar "que en este país también se habla el español".

En una de las múltiples entrevistas otorgadas tras la premiación, Junot habla de su preocupación sobre la categorización de los escritores a partir del género u origen étnico. Confiesa que no le preocupa el que le consideren un "escritor latino" y no simplemente *un* escritor; mas le perturba el que ese *establishment*, constituido sobre todo por escritores blancos, como grupo, "organice las cosas de forma tal que el resto, las minorías, sean etiquetados como "otros"; bajo estas condiciones los escritores del *establishment* tienen el privilegio de ser escritores sin tener que definirse por el color de su piel".

En declaraciones a la revista *Newsweek*, poco después del premio, Junot comentó sobre la historia de *Moby Dick*, el Pequod y su Capitán Ahab en el contexto del conflicto iraquí: "...nos encontramos en el quinto año de la guerra más cara en la historia de la humanidad. Una generación de jóvenes está siendo devorada (...) y a pesar de ello, Estados Unidos se obsesiona con la migración (...); me encanta esa imagen de Moby Dick porque somos como un barco. Somos el Pequod. Somos una nación en un barco, envuelta en una conquista enferma dirigida por un demente (...), mas lo interesante es que el Capitán Ahab no obligaba a sus empleados extranjeros a caminar en la tabla. Él entendió el valor de la diversidad a través de su sueño (...). Nosotros somos más locos que Ahab persiguiendo esa ballena blanca llamada terrorismo (...). Nunca pensé que llegaría el día en que los Estados Unidos fueran más locos que esta metáfora, el Pequod".

Le pedí a Junot que expresara en unas cuantas palabras cómo se sentía después del premio; me contestó con un abrazo y unas gracias cibernéticas, diciéndome: ...*it feels like life*.

René Rodríguez Soriano, arrancando fechas a los calendarios

Betún Melancolía, libro de la autoría de René Rodríguez Soriano, podría representar, al parecer de cualquier crítico, una colección de textos más o menos *anticronológicos*, exabruptos de un autor que a todas luces se sacude atrapado entre las generaciones y los movimientos literarios de su nación de origen, la República Dominicana. Para otros, *Betún melancolía* (Ferilibro, 2008), sería una suerte de esfuerzo coordinado a fin de crear un "ámbito temporal" en un país tan particular donde el tiempo apenas nunca pasa. O quizás éste es un trabajo a entenderse como manual introductorio "para comprender la nostalgia sin que la garganta (o los ojos) se nos llenen de palomas".

Esta última luce ser la única manera como se puede querer esta colección de cronopios caribeños que celebra días y fechas prescindiendo de la lógica del reloj: en ella vivimos aquél año 1962 sorprendido *in fraganti* por cuatro mocosos de Liverpool "que le sacaban las lenguas a la eternidad..."; en esta antología sin intención antológica se nos pasea por la música de Ciudad Nueva mientras *marines* "abrían a troche y moche, muñones de ciudad" en una media isla rebelada. Y terminamos de rodillas frente "a una muchacha zurda que un jueves cualquiera destiña el abecedario de su IBM *tipeando* la letra K". Es que *Betún Melancolía* es, en fin, la historia escrita de un tiempo que escribió nuestras historias.

René Rodríguez Soriano, ha sabido combinar su oficio de escritor con el de la comunicación masiva: cine, publicidad y periodismo son parte de sus avatares; es ganador de múltiples premios y reconocimientos literarios en las diversas formas de expresión literaria (poesía, cuento y novela), en los años 2007 y 2008 resultó ganador del Premio Nacional de Literatura de la Universidad Central del Este en la República Dominicana en los géneros de Novela y Poesía, respectivamente.

Rodríguez Soriano ha dicho que "escribe, que atina o desatina a escribir en un lenguaje que no tiene lengua, una especie de prosa elemental". Y aquí reside justamente la cierta dificultad en el análisis de sus textos, el tranque natural resultado del diálogo entre la narración y la poesía expresadas simultáneamente en un contexto formal. *Betún Melancolía* agrupa cuatro libros con cuerpo particular: *Todos los juegos el juego*; *Su nombre, Julia*, que no es más que un fajo de acusaciones contra esa mujer que eternamente "conspira contra la seguridad de todos los estados emocionales"; *La radio y otros boleros*, y *El diablo sabe por diablo*.

Protagonistas de nombre y apellido

Los personajes habitantes de las historias de este libro aparecen y reaparecen en las más inusitadas localidades (Tel

Aviv, Milán, Suiza o Nueva York); en las más despiadadas de las circunstancias y en los más intimísimos dolores que la memoria no se dejó robar: el primer beso, el segundo desamor, la tercera muchacha; el abuelo, el funcionario corrupto, el policía ladrón y sobre todo, el más fiel rastro de nuestra amenazada "dominicanidad". La canquiña, el pantalleo, la gangorra y las chichiguas brotan del diccionario del lenguaje isleño para caer en párrafos que solamente pudieron haber sido soñados en Constanza. Y por supuesto los iconos: el mar, los zapatitos color rosa, los boleros rompiendo corazones, la coja del vecindario, los saltimbanquis y el loco del pueblo; las múltiples encarnaciones de Julia: la que huyó, la que no existe, la imaginada y la que nos dejó. La Julia sin nombre que Rodríguez Soriano nos esconde mientras él-ella escribe y a ella-él leemos en un juego de identidades *a soto voce* poderosamente logrado como pocos narradores han conseguido.

Julio anda por ahí

Cortázar, como me contó una vez Enriquillo Sánchez, debió haber escrito una *Rayuela* de los noventa en el más inverosímil de los países: la media isla dominicana. Esta afirmación, aparente descabellada idea, confirmaba una vez más la certeza del fallecido poeta de que las letras dominicanas se nutren de las más increíbles circunstancias: la realidad de un país irreal, un territorio que guarda cierto parecido a la más locuaz y mágica de todas las demencias: la esperanza. Julia, que es una Maga capitaleña llena de cordura, anda de la mano del Lobo entre las esquinas de *Betún Melancolía* jugando a las escondidas tras las locuras de Rodríguez Soriano. Y eso lo confirman las palabras de Miguel D. Mena al recordar que "...el tío Julio, a estas horas y metido en toda la desfachatez de Oliveira, estará oculto en algún zaguán a la espera

(...) cuando todos estos juegos sean los juegos de René, de quienes nos jazzeamos descreídos".

Ciertamente, las páginas de esta colección saltan de año a año, de historia a historia, de antihéroes a locos pueblerinos; ellas nos revelan el hilo conector de la realidad de una nación que agoniza por existir mientras se busca a sí misma en la memoria. En nuestra memoria de emigrados, desesperados, escapados, *desgaritados*, y en uno que otro caso, en nuestra realidad de animales de nostalgia. Qué mejor territorio que este París tercermundista de las finiseculares épocas recientes para inventar locuras cortazarianas, como por ejemplo, el desafío de elegir entre un sancocho de gallina vieja y *Lucy in the sky with diamonds,* afrentas que sólo supimos vivir nosotros, los nacidos en los cincuenta.

Las penas de la voz y del deseo

Cuatro de los cuentos más representativos de esta publicación reúnen características similares a pesar de sus diferencias en estilo y temática; en dos de ellos, "Casi nada ha cambiado amor" y "Cama y mesa", hay una pequeña tragedia compartida: "el amor del pasado que ya es sólo un viejo papel", y las manos, o los pechos, "que ya no son los mismos". Las otras dos historias que curiosamente terminan el libro, "Manías de Piro" y "Vivir de los recuerdos", son arrebatos de la cólera ancestral que los hombres merecedores y portadores del odio han arrastrado desde Roma, Balipur y Pretoria, hasta la Bagdag de fin de siglo. La rabia que ardiendo en el *prime time* de *CNN* nos hizo recordar aventuras del marino Simbad en más de mil y en esta noche de un mes cualquiera, espejo "de las penas de la voz y del deseo".

Rodríguez Soriano nos confiesa, al final de *Betún Melancolía*, "su derecho a vivir de los recuerdos", aquél espectáculo ridículo y solitario que algunos preferimos llamar melancolía.

Y que conste que además del amor, hablamos de penas que la voz escrita logra apenas levemente convertir en deseo vestido de paloma.

Yo, confieso que he llorado.

Vivas en su jardín:
la porfiada memoria
de Dedé Mirabal

El régimen del sátrapa Rafael Leonidas Trujillo, el más
sanguinario de los dictadores latinoamericanos del siglo XX,
marcó la historia individual y colectiva de la República Dominicana. En una suerte de pesadilla que no desaparece,
aquellos treinta y un años de horror sobrevivieron al tirano:
el trujillato fue balaguerato durante las décadas de gobierno
de Joaquín Balaguer —hijo político de Trujillo— fundador
de un *ethos* del poder que continuamente se reviste de caras y
colores nuevos. *Vivas en su jardín* (Aguilar, 2009) son las memorias de una sobreviviente, Dedé Mirabal, quien cuenta a
viva voz cómo su corazón logró sanar, sin olvidar, uno de
los más horrendos crímenes políticos en los anales de nuestro continente: el asesinato por el régimen trujillista de sus
hermanas Patria, Minerva y María Teresa.

Heroínas hechas mariposas junto a sus maridos, las Mirabal representaron lo mejor de una juventud inmolada en pos de la justicia; junto a los miles de torturados y asesinados y el Movimiento 14 de Junio, su sacrificio no fue fútil ya que contribuyó a poner fin a aquellas negras décadas de la dominicanidad. En este poderoso testimonio de trescientas páginas, Dedé Mirabal ha contado a las jóvenes generaciones la historia de *Las muchachas.* Con un lenguaje tan real como las confesiones de los asesinos descritas en *Vivas en su jardín,* este libro fluye como documento revelador de mentiras y distorsiones sobre una época "tabú" en un país cuyos historiadores pocas veces contaron la verdad.

Minerva, la segunda de *Las mariposas,* no sólo fue una luchadora por la causa política junto a sus hermanas, sino también una defensora de la emancipación femenina, asunto poco tratado en aquellos años de la década de 1950. No en vano desde 1998 la ONU declara el 25 de noviembre, aniversario de su asesinato, Día Internacional de la No Violencia Contra la Mujer. Minou, hija de Minerva Mirabal, en palabras insustituibles, ha establecido el punto de partida desde donde este libro debe reconocerse: como arrebato de valentía y heroica humanidad "a pesar de la inmortalidad de las heridas" que arranca del olvido lo sucedido e impide que se pierda para nosotros y para el mundo.

Casi medio siglo después de aquel crimen Dedé Mirabal narra como, al caminar por la carretera donde Patria, Minerva y María Teresa fueron asesinadas, aún le invade una sensación simultánea de desasosiego y paz: "Se me ocurre que fue en este lugar donde por última vez ellas vieron el cielo, donde por última vez nos recordaron a nosotros, sus seres queridos, donde vieron la cara demoníaca de la dictadura, personificada en sus verdugos, y donde pronunciaron sus últimas palabras, las cuales nunca conoceremos con certeza. En este lugar de horror, estoy segura que ellas tuvieron algún bello pensamiento para la vida que tanto habían amado, y que en parte encarnaba en sus hijos, en mamá, en mí, en sus esposos, en los amigos... y en la fuerza única de la libertad".

La mirada espejo 3

La memoria y los sueños:
una historia del cine

Insisto. La imagen lo es todo. La "persistencia retiniana", ilusión de movimiento provocada por la visión estática cuando se nos muestra repetida, logra darle vida a lo que se ve. La máquina, cámara capaz de grabar lo visto, es el necesario segundo componente para la creación del cine, género que a pesar de ser el más joven entre las artes tradicionales es el más influenciado por éstas. Es de tal forma que la visión nos envuelve en una operación cerebral tan poderosamente evocadora que lo observado se impregna en nuestros más remotos recuerdos mientras simultáneamente se convierte en verdadera fábrica de sueños.

El cine desconoce el tiempo, es decir lo manipula; lo crea al antojo del montaje mientras paralelamente juega con el espacio conformando así una realidad dentro de un universo irreal. Gerald Mast ha sugerido dos teorías conflictivas sobre el cine y su desarrollo histórico que de alguna manera definen la trayectoria del llamado "séptimo arte": "Sergei M Eisenstein y Rudolf Arnheim argumentan que el cine debe tomar el camino de las otras artes modernas y concentrarse no en contar historias y representar la realidad, sino en investigar el tiempo y el espacio de manera pura y concientemente abstracta". Otros, como Andre Bazin y Siegfried Kracamer sostienen que "debe por completo y cuidadosamente desarrollar sus conexiones con la naturaleza de modo que pueda retratar los sucesos humanos tan reveladora y excitantemente como sea posible".

Enemigo de listas, clasificaciones, y de las elaboradas tesis de estudio que han plagado el cine y las películas, he preferido hacerles homenaje a través de la memoria. Por tal razón intento verter en este texto una breve historia —a todas luces incompleta— de aquellas secuencias que crearon en mi imaginario las huellas de lo que hoy podría ser parte de un "ethos personal de la cinematografía".

Amarcord

Si partimos de la adolescencia, aquellos años de dolor por lo (poco) perdido y lo (mucho) aún no ganado, de tiempos donde las películas le eran a uno el universo (porque en ellas podíamos ser lo que se nos antojase ser) *Amarcord,* y su carga de nostalgia, era la adolescencia. Y *la Gradisca* era el sueño de la antimujer que los mocosos ansiábamos; voluptuosa más que hermosa, era ella todas las mujeres mayores que nunca supusimos nos dirigirían la mirada. Aún íbamos de pantalones cortos y melancolía hecha voz, ella ya lloraba. La recuerdo observando el *SS Rex,* aquél imponente pedazo de monumento que hecho buque, atravesaba las costas adriáticas de la ingenua Italia fascista de 1930 mientras tan inocente como nosotros, *Gradisca* lloraba por alguien que aún no llegaba ni tampoco se había ido. Ella sin duda alguna fue nosotros, el mar, la partida y el arribo del amor a los brazos de nadie, *Gradisca*. (Federico Fellini, 1974)

Eyes Wide Shot

El último filme del fenecido maestro, en sus legendarios minutos iniciales, revela una Nicole Kidman armada de una belleza que sólo los mares australianos son capaces de verter hacia este lado del equinoccio. Y gracias a la música la secuencia es un verdadero *tour de force*: la *Jazz Suite no. 2* de Dimitri Shostakovich seduce al espectador a atrapar lo mostrado en pantalla: la danza entre lo prohibido y lo debido. En una premonición, alerta de lo que la (auto) destrucción de la pareja posmoderna anticipa (la captura del *otro* o la amenaza de un *otro*), un elegante caballero húngaro le pregunta a la Kidman mientras bailan si acaso conoce el *Ars amatoria* del gran Ovidio. Ella por supuesto no, mas como mujer hermosa le sabe. Por eso ya no vive con Tom Cruise. (Stanley Kubrick, 2004)

Manhattan

La urbe, icono de desesperanzas y otras ansias (enunciado en éste, su verdadero orden) siempre ha sido cuna y tumba de lo poético: el morir sin apenas nacer y el nacer sin esperar morir. Es justamente un acto poético mirar las lágrimas de Mariel Hemingway mientras le habla al cuarentón Woody Allen en la puerta de su apartamento; cómo, en el hermoso blanco y negro de esta cinta, es posible también llorar ante el ruedo del desamor. Mariel, dieciocho encima, *se tiene que marchar a Londres*; al fin y al cabo él lo ha facilitado, no puede ser porque él no sabe ser lo que ella es: la inocente ternura de unos labios aprendiendo el amor. Y porque además él no tiene fe en sí mismo. Ni en la gente, en palabras de esa niña angelical. (Woody Allen, 1979)

2001: Una odisea del espacio

Testigos del dominio de la tecnología en la modernidad ya sabemos cómo un maestro de escuela primaria, un *amateur* de la astronomía, advirtió a la NASA desde el traspatio de su hogar uno de los más recientes cambios de la geografía planetaria. Al parecer, el universo está verdaderamente al alcance de la mano, en este caso de un telescopio en el patio de una casa. Mas *HAL*, aquella voz de la aritmética binaria cercana a la perfección, cuando la recuerdo comandando la misión de *2001*, insiste en ser la voz del miedo. Recuerdo como su voz de timbre casi divino alertaba a unos astronautas exploradores del infinito que desafiarla, era acercarse al fin: una suerte de predicción de un ulterior desencuentro ciencia-humanismo. Décadas después comprendemos que esa máquina endemoniada era un hermoso símbolo; hoy tengámosle miedo a la automatización y salvemos la voz del que creó la voz de *HAL*. (Stanley Kubrick, 1968)

El último tango en París

Para muchos la filmografía de Bertolucci representó una forma de manifiesto nietzscheano que sacudió el quehacer cinematográfico de la década de 1970. Al combinar un guión de fuerte carga ideológica con una lograda propuesta estética, Bertolucci arropa al espectador obligándolo a sumergirse en *El último tango*. No hay mejor ejemplo que la confrontación entre la desmitificación de la sociedad burguesa y su presunta innata deshumanización, y el llanto desesperado de Marlon Brando en aquel magistral monólogo frente a su mujer suicida... la María Schneider insistiendo en el fin del anonimato de una relación que es justamente lo que parece salvar a Brando, Gato Barbieri cómplice. (Bernardo Bertolucci, 1972)

El lado oscuro del corazón

Oliverio, personaje de poeta loco que "recorre las calles de Buenos Aires buscando una mujer que pueda volar mientras es acosado por la muerte", es Mario Benedetti, Oliverio Girondo y Juan Gelman. Y los tres hacen de esta incomparable cinta un único espectáculo del corazón. En este filme de escenas en tugurios porteños donde de pronto una prostituta cita a Benedetti en *Táctica y estrategia*, somos testigos de la carrera del desamor. El fenecido poeta, bolero de fondo, recita en la cinta imágenes en alemán...

porque te tengo y no
porque te pienso
porque la noche está de ojos abiertos
porque la noche pasa y digo amor
porque has venido a recoger tu imagen
y eres mejor que todas tus imágenes
corazón coraza... (Eliseo Subiela, 1992)

Trois couleurs (azul, blanco y rojo)

Tres filmes y tres colores que simbolizan libertad, igualdad y fraternidad. La última triunfa a pesar de y por ambos protagonistas: Irene Jacob, la joven actriz suiza que sacude a Jean-Louis Trintignant, el juez, es la última cara en escena en esta inconmensurable trilogía del genio polaco quien tras completar la obra maestra declaró que no tenía nada más que filmar "porque no había más nada que filmar". Tal vez por ello muere meses después con apenas 54 años. Mezcla del azar, la pasión y el sentimiento, *Rouge* es el punto cúlmine de tres historias sólo comprendidas en su globalidad en la secuencia final: Trintignant, casi sin respiro, se entera por las noticias televisadas del naufragio donde Valentine (Irene Jacob) es una afortunada sobreviviente. Y sonríe por única vez en el filme mientras la busca a través de la ventana de la casa que los acercó, la suya, invitándonos a descubrir la historia de amor que él vivió en el otoño de su corazón. (Krzysztof Kieslowski, 1994)

Cinema paradiso (Todos los besos, el beso)

Kurosawa, Chaplin, John Wayne y Renoir alimentan los ojos de Salvatore, un chico apasionado por las imágenes desde sus años preadolescentes; y la sala de cine es el lugar donde aquel pueblo de la Italia de la posguerra vive. Es decir, donde sus habitantes hacen comunidad: allí comparten las alegrías y las risas, se refugian en el amor, y sobre todo, atrapan las ilusiones que los sueños hechos películas les regalan. Salvatore crece sin besos ya que el cura censura las cintas y elimina las escenas que muestran el "pecaminoso" encuentro oral. Tres décadas después, director ya famoso, regresa a enterrar a su maestro, el proyeccionista Alfredo; y regresa también cargado de recuerdos de lo que él pudo y no fue; de lo que perdió para siempre: el amor a Elena.

En la secuencia final de *Cinema paradiso* nos enteramos del último regalo que Alfredo le ha dejado a Salvatore: una cinta de tres minutos donde aparecen todos los besos mutilados por el cura, uno tras otro; besos que arrebatan lágrimas a este hombre que por fin ha encontrado la pasión perdida. (Giuseppe Tornatore, 1988).

Super Size Me:
hamburguesas, cultura,
salud y corporaciones

La proyección del documental *Super Size Me* desató una reacción en cadena tanto en los medios de comunicación como en la comunidad médica de Estados Unidos. Nominado al Oscar como mejor documental de 2004, el trabajo del novato Morgan Spurlock inflige un contundente golpe al emporio McDonald's, la mayor empresa de alimentos en Norteamérica. Durante los noventa minutos de la película seguimos a su director por todo un mes mientras consume una dieta proveniente exclusivamente de la famosa cadena de *fast food* (comida rápida). Su intención es estudiar el impacto que dicho experimento podría causar en la salud y demostrarlo a través de rigurosos exámenes y evaluaciones médicas. Spurlock afirma que la idea surge como un desafío a la falsa información difundida por McDonald's al promover un supuesto contenido saludable en sus productos.

Son harto conocidas las dramáticas cifras de obesidad y los dañinos patrones de alimentación prevalecientes en la población norteamericana: según la revista *Time* en su número del 7 de junio de 2004 (dedicado exclusivamente al tema), el 64 por ciento de la nación, 127 millones de personas, son víctimas del sobrepeso o la obesidad, condiciones mucho más frecuentes entre las minorías pobres latinas y afro-americanas. Las futuras generaciones tampoco escapan al problema: el 15 por ciento de los niños en Estados Unidos son también afectados de obesidad. Ni los animales domésticos están a salvo de esta epidemia ya que uno de cada cuatro gatos o perros son víctimas del sobrepeso.

El primer establecimiento de McDonald's fue abierto en Des Plaines, Illinois, en 1955. Para 2009, más de treinta mil franquicias abren sus puertas a cincuenta millones de personas diariamente. La hamburguesa es un plato atractivo debido a la rapidez y comodidad de su preparación y al agrado que su consumo produce en el paladar, resultado de la manipulación química de la carne, y sobre todo es atractivo por ser comida barata, rápida y que llena el estómago.

Contrario a los enunciados de Samuel Huntington sobre la identidad cultural y la alimentación, el origen de las hamburguesas tiene poco que ver con lo norteamericano: la idea de preparar la carne en esa forma proviene de Turquía y luego de Hamburgo, Alemania; los *pickles*, por siglos, han sido tradición en los hogares de la Europa Oriental; el *ketchup* proviene de una salsa china llamada Ket-tsiap, y no aparece en los libros de cocina norteamericanos sino hasta 1792; la mayonesa es originaria de la isla española de Menorca; el pan de las hamburguesas, el *bun*, y las semillas de ajonjolí que lo adornan son originarios del Medio Oriente e Inglaterra. A pesar de esto nadie duda de que las hamburguesas en Estados Unidos son icono distintivo de la cultura de lo rápido y exagerado, características esenciales del fenómeno de *fast food*.

Super Size Me es un filme de pocas pretensiones cinematográficas, y cuya importancia radica en la denuncia del impacto del aparato propagandístico de las cadenas alimenticias; un despliegue que bordea lo aberrante: 1,300 millones de dólares invertidos anualmente en comerciales, la mayoría dirigidos a niños. El hecho de que el setenta por ciento de los menores entre los 6 y 8 años de edad consideren que la comida rápida es más saludable que la hogareña; el que en una escena del filme se le muestre a varios niños fotografías de Jesucristo, George Bush y Ronald McDonald y los dos primeros les sean casi desconocidos, y que el tercero lo nombren con sonrisas.

En el documental permea una evidente cercanía a la artesanía y estilo fílmico de Michael Moore: Spurlock intercambia ritmos *pop*, conversaciones con sus médicos y el repetido consumo de hamburguesas en cámara, dejando al espectador con una nauseabunda sensación de rechazo.

La compañía McDonald's respondió al filme con diversas estrategias ilustrativas del poder de relaciones públicas con que disponen las grandes corporaciones: justo antes de su exhibición en Estados Unidos, la empresa eliminó la popular oferta de *super-sizing* (una porción de bebida y comida capaz de alimentar a tres personas); estalló además una guerra de medios reflejada en notas de prensa e Internet provenientes de supuestas organizaciones independientes: The American Council on Science and Health, PRwatch.org y Tech Central Station, por sólo mencionar algunas. Estas instituciones, autodefinidas defensoras de la libertad del consumidor (a comer basura) y del derecho de las corporaciones (a engañar y ganar dinero), ello sin recordarnos que los fondos que las sostienen provienen de contribuciones de

Hershey, Coca Cola, General Motors, Exxon, Frito-Lay, Burger King y otros amigos de McDonald's.

La justificación dada por estos grupos a las irresponsables estrategias de las compañías alimenticias es que "los consumidores tenemos la opción de elegir las comidas". A mi parecer, sostener esta postura es una falacia en un país donde los grandes centros urbanos, sobre todo los de alta población minoritaria, están plagados de cadenas de *fast food* (hay casi cien McDonald's en el perímetro de Manhattan); un país donde los supermercados están alejados de las áreas residenciales más pobres (según el Metropolitan Chicago Information Center, el 60 por ciento de los supermercados de cadenas en esta ciudad están localizados en el norte, lo que se traduce en 3.6 tiendas por 100 mil residentes, comparado con 2.3 en los vecindarios latinos y afroamericanos); en una sociedad donde es más barato comprar comida mala que saludable y sobre todo en una cultura que nos programa al consumo alimenticio fuera del hogar (para 2004 las ventas de restaurantes se proyectaron en $440 mil millones) y donde cada niño ve en televisión un promedio de diez mil comerciales de alimentos por año. En este contexto, por lo tanto, es contraproducente atribuir a los derechos y elecciones individuales la completa responsabilidad por los dañinos patrones dietéticos imperantes. En el mismo año en que McDonald's gastó $500 millones en su campaña *We Love to See You Smile*, el Gobierno Federal invirtió una cifra mucho menor en educación sobre nutrición. En resumen: es la industria quien crea la demanda y no viceversa; es el Gobierno, al tomar una posición defensora de los intereses corporativos y no los de la salud de sus ciudadanos, quien inclina la balanza hacia el consumo.

Se evidencia un renacer del concepto fílmico documental en trabajos como *Fahrenheit 9/11, Metallica, Imelda y Control Room. Super Size Me* no será el mejor ni el más artístico de ellos, pero de lo que sí parece es que la película luce haber tocado puntos muy álgidos en los nervios de las mega corporaciones, las cuales atemorizadas por el efecto de una peliculita de $65 mil dólares, invierten millones en contrapropaganda a fin de no perder unos cuantos consumidores que renegarán la suculenta dieta huntingtoniana encontrada en el menú de su McDonald's favorito.

Walt Disney
y la manufactura
de la fantasía

Walter Elias Disney, catalogado de "Esopo moderno" por sus herederos, nace en Chicago en 1901 de familia irlandesa-canadiense-alemana. Considerado por muchos el padre de la animación cinematográfica, ganador de 40 premios Oscar y portador de más de 900 títulos honoríficos, inició su carrera marchándose a Hollywood cuando contaba con apenas 23 años de edad. Previamente había participado en la Primera Guerra Mundial como conductor de ambulancia de la Cruz Roja tras ser rechazado del servicio militar por su corta edad. Los siguientes 40 años serán testigos del desarrollo de una de las más poderosas empresas de entretenimiento: The Disney Company y subsidiarias, con ganancias netas sobre los 30 mil millones de dólares al año. Walt Disney, quizá más que ningún otro icono, representó el *American way of life* ante varias generaciones testigos de los tumultuosos eventos del siglo XX.

Orígenes

Las contribuciones de Walt Disney a la cinematografía son indudables: combinó caricaturas con acción en vivo, incorporó el *technicolor* a la animación en 1932 y sobre todo, fue un pionero del uso masivo de dibujantes en una sofisticada división de trabajo durante la producción de cartones animados. Sin embargo, detrás de la creatividad e imaginación del mundo Disney yace un complejo historial sociopolítico que ha sido merecedor de un sinnúmero de textos, videos y ensayos desde el legendario *Para leer al Pato Donald*, de Ariel Dorfman (1971), hasta *From Disney to Woodstock: How Disney Created the Counterculture*, de Douglas Brode (2004).

Los biógrafos de este personaje coinciden al sugerir que desde temprano sus prácticas corporativas dejaban mucho que desear: en 1941, la Asociación de Actores y Empleados Cinematográficos de Hollywood protagonizó una huelga en reclamo de mejores beneficios. Walt Disney recurrió a truhanes rompe-huelgas y creó un sindicato paralelo mientras empleados eran cancelados en masa bajo la intimidación de guardias privados. Resentido ante las victorias laborales, Disney justificó su conducta en una supuesta trama comunista que perseguía penetrar la industria. Por tal razón fue un entusiasta colaborador ante el comité de actividades antiamericanas presidido por el archiconocido senador Joseph McCarthy, conductor de "la caza de brujas" y creador de la famosa "lista negra de Hollywood". Walt Disney fue también informante del FBI y publicó anuncios en diarios de la época donde acusaba de comunistas a los líderes laborales. Esta conducta iba en franca contradicción con su historial familiar: un origen humilde y un padre que era un ardiente socialista.

Aunque se opuso a la interferencia gubernamental en las compañías privadas, Disney solicitó y dependió de fondos oficiales. Para 1940, el 94 por ciento del trabajo de sus estudios consistía en "asignaciones especiales" relacionadas con documentales y películas propagandísticas sobre las fuerzas armadas durante la Segunda Guerra Mundial.

Ciencia, postguerra y *Corporate America*

Justo antes del lanzamiento de *Blanca Nieves y los siete enanitos* en 1938, Walt Disney firmó acuerdos autorizando compañías de juguetes, ropas, comidas y libros a promocionar y vender productos basados en sus clásicos personajes. Esta estrategia mercadotécnica, conocida como sinergia, trajo grandes ingresos a la empresa y diversificó su mercado hasta el punto que en la actualidad The Disney Company mantiene contratos globales similares con mega corporaciones como McDonald's que le generan ingresos por encima de US$25 a US$45 millones por película.

El acceso a los niños y jóvenes le brindó al conglomerado Disney un potencial de mercadeo sin precedentes en el renaciente capitalismo de aquellos años. Ello fue aprovechado por empresas que en concubinato, participaron en la construcción de los legendarios parques de entretenimiento Disneyland y Disney World: Monsanto diseñó La casa del futuro, General Electric El carrusel del progreso, donde una ama de casa electrónica trabajaba en una cocina futurista; General Dynamics, productor de reactores nucleares, financió el juego del submarino atómico y Richfield Oil Co. diseñó *Autopia*, una autovía del futuro donde los pequeños conducían los autos que comprarían en su adultez.

Durante los años de la guerra fría, Disney Studios mantuvo una cercana relación con el gobierno estadounidense a través de documentales realizados con el fin de popularizar e idealizar avances tecnológicos tales como la carrera atómico-armamentista y la exploración espacial: *Our Friend the Atom* y *Man in Space* bastan como ejemplo. En ambos proyectos trabajaron Werner von Braun y Heinz Haber. El primero se había desempeñado como asesor de las fuerzas armadas norteamericanas y previamente, durante la Segunda Guerra Mundial, como asesor del ejército alemán. von Braun fue miembro del Partido Nazi y General de la *SS*. Sus cohetes fueron construidos en la factoría Dora-Nordhausen lugar donde fallecieron más de veinte mil prisioneros. Diez años después de la liberación de Dora-Nord, von Braun instruía a los animadores de Disney en el diseño del proyecto *Rocket to the Moon*. Heinz Haber, por su parte, fue un protegido del doctor Hubertus Strughold, Director del Luftwaffe Institute for Aviation Medicine en Alemania y posterior asesor de aviación en la armada norteamericana tras la derrota nazi. Prisioneros del campo de concentración Dacha, en las cercanías de Munich, eran utilizados en el mencionado instituto con el propósito de conocer los efectos de la altura en los pilotos alemanes. Detalles sobre este tópico aparecen ampliamente documentados en el libro *Fast Food Nation* (Perennial, 2001) de Eric Schlosser.

¿Por qué Disney?

Janet Wasko, profesora de comunicaciones y periodismo en la Universidad de Oregón y autora de *Understanding Disney* (Polito Press, UK 2001), afirma que criticar esta empresa es un desafío dada la creencia popular de que sus productos, a diferencia de otras corporaciones, son inocentes y placenteros; que no pueden ser dañinos si provocan felicidad y fantasía. Su texto analiza el universo de Disney a partir de la noción de manufactura de la fantasía: producción y consumo desde una perspectiva económica e ideológica. Un universo fabricante de sueños y objetos en pos de beneficio monetario a expensas de mentes infantiles vírgenes inundadas con estereotipos históricos, generacionales, sexuales, físicos, étnicos y religiosos. Todo a manos de un grupo de "creadores" al servicio de uno de los seis más grandes conglomerados de comunicaciones del mundo (Disney Company opera 72 estaciones de radio, ABC-TV y diez canales subsidiarios, ESPN, Disney Channel, Toon Disney y SOAP-net; es además propietaria de Walt Disney Pictures, Miramax, Touchstone Films, Hollywood Films, Dimension Films, The Fox Family, The History Channel, Mammoth Records y Buena Vista Home Entertainment). Disney Publishing es la impresora de libros infantiles más grande del mundo, además de producir medios "educativos" a través de The Baby Einstein Company. Los diez parques de diversiones que la corporación maneja en Tokio, Hong Kong, París y Estados Unidos, junto a sus 35 *resorts*, cruceros y hoteles, son responsables del 25 por ciento del total de los ingresos anuales de Disney Company. Curiosamente, la cinematografía, propósito inicial de la empresa, apenas genera el 27 por ciento de dichas ganancias.

Robert Pettit, profesor se sociología en Manchester University, Inglaterra, argumenta que la importancia del mundo Disney radica en su rol de proveedor de historias que construyen la imaginación infantil a partir de mundos irreales y repetitivos. Historias que desplazan la creatividad a favor de una comercialización de personajes dirigida a mentes aún incapaces de resistir o evaluar sus planteamientos. Estos comentarios aparecen en la crítica del académico al poderoso documental *Mickey Mouse Monopoly* producido por Chyng Sun y Miguel Picker (ver el sitio www.mediaed.org/videos).

Raza, género y etnicidad

Estas representaciones en las caricaturas y largometrajes de Disney son notables por la poca frecuencia con que se muestran, y en la opinión del profesor Pettit, cuando aparecen lo hacen para reforzar estereotipos: los latinos son chihuahuas irresponsables en *Lady and the Tramp*; los afroamericanos son los cuervos deshonestos de *Dumbo*, los orangutanes de *Jungle Book* o los ausentes en *Tarzan*; en *Aladdin* los árabes son bárbaros, tan salvajes como los aborígenes de *Pocahontas*, un filme que generó controversia entre las minorías indígenas. El activista Rusell Means (la voz del personaje Powhatan) lo describió como la mejor y más responsable película sobre los indígenas salida de Hollywood. Winona LaDuke, ex candidata vicepresidencial en las elecciones norteamericanas junto a Ralph Nader, por el contrario, definió *Pocahontas* como un travesti de la historia indígena norteamericana.

Los personajes femeninos en las películas de Disney, ya sea Blanca Nieves, la Ariel en *The Little Mermaid* o Belle en *Beauty and the Beast*, usualmente presentan una versión distorsionada de la feminidad: mujeres de falsos cuerpos atractivos y seductores necesitadas de un hombre que las rescate y siempre dispuestas al sacrificio para complacerle.

El Disney posmoderno

Deconstructing Disney: Chicano/a Children and Critical Race Theory (Aztlan, 2000) es un ensayo de la autoría de Gabriel Gutiérrez donde se define la orientación de Disney Company durante la década de 1990: un programa ideológico que dejó el conservadurismo de los 40 años previos y abrazó el multiculturalismo liberal de los 90. Con una agenda que coquetea con el mercado hispanoparlante y que incluye personajes de diversidad racial, que usa voces de celebridades como Whoopi Golberg, que produce películas sobre otras etnias como *Mulan*, que promociona *Gay day* en Disney World y anuncia la inclusión de compañeros domésticos en sus planes de seguro médico, parece evidenciarse un intento de abrazar la onda liberal posclintoniana. Sin embargo, tras esa nueva agenda, en opinión de Gutiérrez, está el mensaje de que la diversidad puede existir solamente si está subordinada a los ideales dominantes y que, aquéllos que son diferentes, deben asimilarse a la mayoría.

El discreto encanto
de Penélope Cruz

En *Elegy* (2008), la película de Penélope Cruz, presenciamos una secuencia donde ella (Consuela Castillo) es seducida por un hombre varias décadas mayor, el profesor David Kepesh (Ben Kingsley), personaje extraído de la novela *The Dying Animal* de Philip Roth, adaptada para este filme. Kepesh sorprende a la estudiante comparando su hermosa mirada con los ojos goyescos de *La maja vestida*. La imponente belleza de la actriz madrileña es en esta cinta, quizás más que en ninguna otra, un personaje esencial encarnado dentro del verdadero personaje. Aquí la belleza física representa la pieza de ajedrez que deberá apartarse a fin de mostrar la Consuela real: la inteligente y decidida mujer que pone al desnudo las contradicciones del casi misógino Kepesh. Un hombre vacilante que, atemorizado por sus propios sentimientos y fragilidad, es simultáneamente abrumado por "...la suerte de austera apariencia" que Consuela despide, el discreto encanto capaz de envenenar el corazón de cualquier *dying animal.*

Penélope Cruz nació en el Madrid de 1974, pocos meses antes de la muerte de Francisco Franco; a pesar de haber estudiado jazz, ballet español y clásico en el Conservatorio Nacional, su carrera fue sellada como actriz tras conocer *Átame* y los subsecuentes filmes de Almodóvar en plena adolescencia formativa. Trabajó en *video clips* musicales con Mecano, en series televisivas, *spots* publicitarios y como presentadora de programas en la pantalla chica hasta su primer largometraje, *El laberinto griego. Jamón Jamón* y *Belle Époque,* ganadora de nueve Premios Goya y Oscar de Mejor Película Extranjera en 1992. Luego de aparecer en dos cintas de Almodóvar, *Carne trémula* y *Todo sobre mi madre,* Cruz penetra el mercado anglo en 1998 con su primer papel en inglés, *The Hi-Lo Country.* Este período de su carrera está caracterizado por proyectos comerciales de tono mediocre: filmes como *All the Pretty Horses, Blow* y *Vanilla Sky,* preceden una etapa de películas *indies* poco conocidas que se extendió hasta 2004 justo cuando termina el romance de la icónica pareja *Cruz and Cruise.*

Las nuevas Penélope: Raimunda, María Elena y Consuela

Son algunas de las mujeres encarnadas por Penélope Cruz en pantalla: *Volver* (Almodóvar, 2004), *Vicky Cristina Barcelona* (Woody Allen, 2008) y *Elegy* (Isabel Coixet, 2008), las dos últimas, a juicio de Charlie Rose, "la han encumbrado a un nivel de talento superior". *Volver,* como muchos de los trabajos de Almodóvar, es una autobiografía difícil de catalogar: es comedia, tragedia y drama donde el incesto y la muerte son excusa, las costumbres de los pueblos manchegos, escenario; y la mujer, abuela, madre, hija, hermana o amante, el propósito: se trata del mundo de una familia de mujeres, a juicio del director. Sin la *esencialidad* de un hombre, ellas sobreviven, lloran y ríen en una suerte de super-mujer encarnada en Raimunda quien es hermosa, tierna, frágil y fuerte, y sobre todo real. Raimunda, que le hizo ganar el Premio Goya 2007 por Mejor Actriz Principal, de acuerdo con Penélope Cruz, "es una sorprendente fuerza de la naturaleza", que al igual que todas las mujeres protagonistas de *Volver*, no ha vivido una historia de amor; "es que ninguna hemos tenido suerte con los hombres" confiesa el fantasma de la madre a sus dos hijas, y lo peor, en sus propias palabras, "es que los fantasmas no lloran".

La pasión según Woody Allen

María Elena es Penélope Cruz en la cinta *Vicky Cristina Barcelona*, un *ménage à trois* completado por Javier Bardem y Scarlett Johansson en una de las más *sexy* películas allenianas. El personaje de María Elena, una tempestuosa pintora que no aparece en escena sino hasta más allá de la mitad de la película, se circunscribe en su relación con el ex marido Juan Antonio (Bardem) mientras ella existe en una realidad dividida entre la brillantez artística, un autodestructivo *modus vivendi* y la dependencia emocional.

Gracias al triángulo amoroso que complementa Cristina (Johansson), una turista norteamericana veraneando en Barcelona y recién novia de Juan Antonio, María Elena se recupera de un intento de suicidio. Su personaje está repleto de una intensa energía vital que suplementa el indiscutible atractivo físico con el talento de una pintora, fórmula que la hace demoledoramente irresistible no sólo frente a Cristina, sino también a Juan Antonio y hasta a su envejeciente padre (quien confiesa tener sueños eróticos con su nuera).

Ese oscuro objeto del deseo

En *Elegy*, una de las más complejas actuaciones en la carrera de Cruz, hay una lucha por salvar el amor y confrontar el miedo que éste desencadena en aquéllos que ya lo han tenido, perdido y reencontrado. Hay además otra sutil batalla en este provocador filme de la española Isabel Coixet (la primera mujer en dirigir a Penélope Cruz): la exorcización de la belleza de Consuela encarnada en sus pechos que dará paso a la tragedia de perderlos físicamente resultado de una cirugía. Mas sus senos no desaparecerán de la memoria de Kepesh, quien tal como en las demás novelas de Roth se obsesiona con ellos, con el fetiche que Amedeo Modigliani plasmó en el cuadro *Le grand nu* y que sirve de portada a *The Dying Animal*. Consuela, quien gracias a su fortaleza sobrevivirá esta crisis, espera que Kepesh la ame igual a pesar de la mutilación de su cuerpo-belleza.

Gracias al magistral ojo de Coixet, quien en algunas secuencias toma la cámara en mano, *Elegy* regala escenas llenas de un intimísimo poder que se filtra en la pantalla con una realidad pocas veces igualada. De hecho, Coixet confiesa que en algunas escenas la filmación se completaba con apenas cuatro almas en el *set*: el sonidista, ella, Cruz y Kingsby, quienes escuchaban el llanto emocionado de la brillante directora ante sus poderosas actuaciones. Esta participación "directa" en la filmación, similar a la libertad de improvisación que Allen otorga a sus actores, es lo que ha logrado hacer el "padre cinematográfico" de Penélope Cruz, Pedro Almodóvar, en cada una de las películas que juntos han rodado: una especie de confort que hace que la actriz se entregue por completo en y por el personaje.

Tres de las últimas películas de Cruz han sido europeas o filmadas por europeos, y son las que la han consagrado más allá de su *sex appeal*, como la versátil actriz que Almodóvar había descubierto décadas atrás. En *Volver* éste recurre a las amas de casa del cine italiano neorrealista de los años cincuenta (Sofía Loren o Claudia Cardinale) para trabajar la imagen de Raimunda; en *Los abrazos rotos*, ha sido Audrey Hepburn la que inspira otra antiheroína, una aspirante a actriz rural que vive dos vidas encarnada una vez más en Penélope Cruz.

Almodóvar admite que le complace trabajar los personajes femeninos mucho más que los masculinos; a las mujeres las encuentra más vivas, alegres y faltas de prejuicios, y por tal razón es capaz de lograr un mejor rol en sus actrices. Y es quizás por esta influencia y cuido que desde aquellos memorables ocho minutos de debut en *Carne trémula* cuando Penélope apenas contaba con veintidós años, que ella ocupe un importante sitial en el *roster* de las grandes actrices. Un hecho que no debe sorprendernos dada su demostrada capacidad histriónica y su entrega absoluta a los roles que los grandes directores le han adjudicado, un proceso que ella ha definido como de educación interminable.

Cine mexicano
para la aldea global:
El laberinto del fauno,
Babel y *Children of Men*[1]

La repercusión internacional de las películas de Guillermo Del Toro, Alfonso Cuarón y Alejandro González Iñárritu no causan mucha sorpresa. Hace tiempo ya que los tres dieron cuerpo a una filmografía bastante personal, que ha suscitado el interés de la crítica mundial. No cabe duda que para estos tres directores, el 2007 fue su gran año: *Babel* representó un salto cualitativo con respecto a las películas anteriores de González Iñárritu, *El laberinto del fauno* confirmó a Del Toro como el más brillante y *Children of Men* dejó establecida la enorme versatilidad de Alfonso Cuarón, capaz de adaptarse a cualquier género y salir bien librado del reto. Los comentarios a continuación sólo representan una

---

[1] Co-autoría de Jochy Herrera y Marco Escalante, este último ensayista peruano autor de *Los malabarismos del tedio*

aproximación inicial a este grupo de cineastas, cuyo fenómeno merece una mirada más profunda.

El laberinto del fauno

Guillermo Del Toro recuerda con humor las torturas a que lo sometía su abuela cuando niño: "Ponía tapas de refresco en mis zapatos, para que al caminar hacia el colegio sintiera el dolor del Calvario; era su modo de imponerme la penitencia, su modo de fustigar en mi cuerpo la carne". Y como el rebelde muchacho continuaba dibujando obsesionado con los monstruos que poblaban su imaginación adolescente, la abuela procedió a exorcizarlo dos veces, echando sobre su cabeza agua bendita y espantando a los demonios con una cruz en la mano. "Mi abuela era como la Pipper Laurie de *Carrie*", declara entre sonrisas Del Toro, trayendo a la memoria esa gran película de Brian De Palma. De nada, sin embargo, valieron los sermones, y el amor profesado a esa abuela que en el fondo de su corazón cristiano lo adoraba, no impidió que en los cuadernos de Del Toro se multiplicaran los monstruos: esos seres marginales, diferentes, únicos, que la sociedad en su conjunto segrega en nombre de una iconografía más pulcra, donde no tiene cabida el lado oscuro del alma.

Era natural, por tanto, que con el correr de los años, un leído cineasta fuera a dar no sólo con los cuentos de hadas. Más allá de una historia de reyes del subsuelo y princesas condenadas a un exilio de milenios, más allá de un país de maravillas y ninfas bienhechoras, hay también una región de dioses paganos, que, como las deidades griegas, comparten con los hombres virtudes y vicios. Dioses tiranos, abusivos, capaces de amar y matar, de sentir celos; dioses vengativos y adeptos a los más crueles métodos de tortura; dioses como Pan, esa criatura que bien puede traer mensajes del cielo o del infierno, que bien puede despertar amor o desbocarse en la más terrible furia, como la naturaleza misma, que es bella y dadivosa, pero también prolífica en desastres. "El fauno es una criatura en la cual no se puede confiar completamente", afirma Del Toro, que en su película convierte al fauno en guía. Un guía terrible por cierto, con aspecto humano y bestial, con cuerpo de hombre y árbol, dueño de la llave de un extraño y mítico laberinto donde habita un monstruo que ve con las manos y se alimenta con niños. Un monstruo saciado ante una mesa copiosa, vencido por la melancolía de la nada, capaz de castigar con la muerte el robo de unas uvas.

No hay que ir tan lejos para encontrar el lado complementario de la medalla. Papini decía que Miguel Ángel pintaba a Dios como "un numen violento". Después de leer la historia de los laberintos de la Inquisición, después de descubrir los archivos con los procesos seguidos a las brujas en el medioevo, se multiplican los monstruos de la cruz que asesinan en nombre de Cristo. En *El laberinto del fauno*, en el mundo imaginario de la niña, en ese rincón que guarda más verdades que las que usualmente admitimos, no es más cruel y grotesca la realidad de un ser de pesadilla que devora carne humana, que el tranquilo cuadro real en que cenan el sacerdote católico y el militar franquista, cuyo mayor placer radica en la tortura del enemigo vencido. Ese capitán de la falange que sale al bosque a cazar guerrilleros como si fuesen conejos, que observa a la mujer como un útero al servicio de un árbol genealógico torcido, es también un monstruo extirpado de un cuadro de Memling, pero con aspecto humano.

La llave que la niña encuentra en su aventura, es la llave que le otorga su conciencia: la libertad de elegir, de optar por el bien y la justicia en un mundo socavado por el fascismo. De allí su negativa a sumarse a la hecatombe del mal disfrazado de fe y patriotismo, su renuncia en fin a sacrificar la sangre de su inocente hermano. Y en la pureza de su decisión se revela su destino aristocrático, pero no en el sentido de casta, sino en el sentido que implica una jerarquía del espíritu. "Ciertamente muchos dirán que se trata de un mundo imaginario, pero yo prefiero creer que en cierta forma es real, y que la niña es verdaderamente una princesa", dice Del Toro. Y así lo establece el final de su película. Una película hermosísima. Uno de esos milagros que no abundan, y que trae a la memoria dos obras igual de magníficas: *El espíritu de la colmena* y *La noche del cazador*, películas que Del Toro comprensiblemente admira.

Babel: silencio, lenguaje y azar, más allá de tres kilómetros

Un rifle conecta cuatro historias nacidas del destino las cuales, más allá de su incongruente similitud, enrostran pobreza, una niñez desatendida y la desoladora arrogancia que el ser humano posmoderno, a milenios de la *Torre*, aún se empecina en ejercer al no hablar ni querer comprender. Narrada en inglés, castellano, árabe, japonés, bereber y *sign language*, la *Babel* de González Iñárritu es tan poderosamente real como vigente; quizás demasiado extraña para cierta crítica anglo que parece no comprenderla (el *Washington Post* la considera "a serious movie lite", *The New Yorker* afirma que el director aún no ha aprendido a usar su talento y el *Atlanta Journal Constitution* concluye que las buenas intenciones no siempre bastan para hacer una buena película).

El filme parte de Yasujiro (Koji Yakusho), un ejecutivo japonés que mantiene una conflictiva relación con su hija Chieko (Rinko Kikuchi), adolescente sordomuda cuya madre acaba de suicidarse en un exclusivo apartamento de Tokio. Yasujiro, encarnado por uno de los más importantes actores japoneses contemporáneos, se convierte en víctima inocente tras un viaje a Marruecos donde le regala un rifle de cacería a su guía quien a su vez lo vende al vecino Abdullah (Mustapha Rachidi), asegurándole que los proyectiles alcanzarán más allá de tres kilómetros.

Abdullah vive humildemente desconociendo secretos que sus hijos comparten: una adolescente que satisface la curiosidad sexual del hermanito Ahmed (Said Tarchani) y la relación de éste con su hermano mayor Yussef (Boubker Ait El Caid) mientras ambos ahuyentan chacales con el rifle. Producto del azar, los chicos balean un autobús donde viaja una pareja californiana que busca un reencuentro existencial: son Richard (Brad Pitt) y Susan (Cate Blanchett), gravemente herida por Yussef. A miles de kilómetros, Amelia (Adriana Barraza) es la *nani* mexicana "sin papeles" que cuida de los hijos de éstos, y quien madre al fin, motivada por el casamiento de su propio hijo al otro lado de la frontera, arriesga todo por la ocasión (el patrón le ha prohibido desatender a los niños prometiéndole una boda mejor en otra fecha, *cuando su agenda lo permita*). Cómplice del intrépido sobrino Santiago (Gael García), Amalia desobedece y se marcha a su pueblo para disfrutar la fiesta con boleros de Chavela Vargas y ritmos *Tex mex;* pero de regreso a San Diego, todo va mal...

¿Dónde coinciden entonces, el pasaje bíblico en que Dios descarga su ira sobre los desobedientes y el significado de la *lingua franca,* el *english only* o lo dicho por González Iñárritu de que *Babel* surgió tras experimentar la incomunicación luego de vivir en Estados Unidos? ¿Qué relación hay entre las fronteras, el lenguaje y las tragedias humanas?

Babel, por supuesto, no persigue respuestas; más bien las provee incitándonos a cuestionar el sentido de las cosas tras estos días nuestros repletos de arrogancia: el que Amalia, de probada solidez ciudadana cuidando niños privilegiados, sea deportada por un oficial de *la migra* quien le recuerda que ella no es más que una ilegal; el que Abdullah desconozca lo que sus hijos "le han hecho a la familia"; el que una nortea-mericana, que inculca "el peligro de México" a sus hijos, sea protegida por marroquíes que en pleno desierto rechazan el fajo de dólares con los que su esposo intenta compensar una humanidad que ninguno de los gobiernos involucrados ha mostrado. Pensemos en la adolescente japonesa que habla desnudándose ante colegiales pretendientes, ante su dentista y un férreo detective; todo mientras Papá sigue ocupado en los negocios. No olvidemos que ella es sordo-muda y como tal, observa los labios en movimiento de la secretaria del dentista, justo cuando la música de Gustavo Santaolalla se detiene; el silencio llena la secuencia y obser-vamos un chico que parece escuchar cosas con sus audí-fonos puestos.

Children of Men

Alfonso Cuarón y P.D. James, director y escritor, filme y novela que poco tienen que ver con México, en *Children of Men* habitan un *distópico* 2027. A más de veinte años de esta fecha, el *plot* recuerda los treinta y tres transcurridos tras aquella odisea mecánica del joven Kubrick; es una Gran Bretaña convertida en estado policial donde el fascismo, apellidado *Homeland Security*, controla ciudadanos en un mundo unipolar. El Armagedón ha dejado de ser sueño, la tierra ya no es fértil y la humanidad no puede procrear: ví-ctimas de la autodestrucción, parecemos incapaces de apos-tar a nosotros mismos o defendernos contra nosotros mis-mos. Una inmigrante africana embarazada, súbitamente, es la esperanza de la raza tras el asesinato en Buenos Aires de *Baby Diego*, el último ser humano nacido en varias décadas.

Las metáforas que artesanalmente conforman esta historia nos llevan a una encrucijada donde nuestro rol de

ciudadano-víctima se yuxtapone a la resignación o la rebeldí-
a; una rebeldía que se viste de barco que navega aguas ilí-
citas: el *Tomorrow*, sede del *Human Project* que pretende salvar
la raza con la procreación.

Children of Men pertenece a un género raro: ciencia ficción sin mucha tecnología, ficción o ciencia; pudiera ser Bei-
rut, Gaza, Abu Ghraib, Guantánamo, Kirkut o cualquier
imagen que nos recuerde *La Batalla de Argel*, un mundillo de
Pink Floyd o John Lennon sazonado con imágenes de Sta-
lin a manos de una bondadosa gitana. Pero *Children of Men* es
una historia tan posible como cualquier informe de *CNN*, y
tan factible que de pronto, escenas hiperrealistas con sangre
artificial en el lente de la cámara, nos tocan la piel recordándonos que sí hay guerras civiles, estados policiales, xenofo-
bia, amenaza nuclear, torturas, mentiras y esperanza.

A cuerpo de mujer, Victoria Bianco expone en Barcelona

Somos la herida. La llaga que no cesa, el gotear rojizo, rijoso, por la grieta abierta en la piel rajada. Y la convulsión que nos pasma es lo que guardamos del ángel perdido al caer en el cuerpo
Fernando Savater

El arte "conceptual" y el arte "corporal" posteriores al dadaísmo utilizaron la figura del artista mismo o la de un extraño como instrumento creativo y objeto comunicante. Ambas corrientes separaron y examinaron mitos prevalentes en la sociedad occidental a través de una *deconstrucción* que desde temprano incluyó la imagen física y social de la mujer. Casi simultáneamente, tanto Roy Listcheinstin (con sus conocidos trabajos en tiras cómicas) así como Richard Hamilton (en obras salidas de las mismas entrañas del Estados

Unidos blanco de la postguerra), cuestionaron los iconos corporales masculinos y femeninos en pleno apogeo del arte *pop*.

Abundan las mujeres artistas del siglo XX que también utilizaron diversos medios para enfrentar concepciones tradicionales de lo femenino, tanto en el sujeto-identidad como en el objeto-consumo: Ana Mendieta, Hannah Hoch, Leonora Carrington, Remedios Varo y Emma Amos, por sólo mencionar algunas. En la fotografía contemporánea, es Cindy Sherman quien representa este frente feminista que en gran medida rescata la imagen de la mujer atrapada en un mundo hecho por hombres y en donde ella quiere ser protagonista.

Por siglos, la menstruación ha estado ligada a la definición social y a la diferenciación de lo femenino respecto a lo masculino. La idea menstruación, y no la menstruación misma, es el símbolo usado en *Anónimas*, la exposición más reciente de Victoria Bianco Pastorino presentada en la Feria internacional de arte contemporáneo de Barcelona, BAC IV. De origen argentino y con residencia en Chicago y Madrid, esta artista ha enfocado su trabajo en los conceptos del ser, el otro, y la *objetivización* del género femenino. Bianco completó estudios en el Art Institute of Chicago y en la Universidad Complutense de Madrid y arrastra consigo una fértil trayectoria de más de treinta exhibiciones.

En *Anónimas*, Bianco utiliza la menstruación como un instrumento de aproximación a lo que ella llama "la condición de mujer". Siguiendo la tradición fotográfica de Sherman, y con ironía posmodernista, desafía las percepciones de la realidad femenina con una plástica enfocada a la idea artística más que al objeto mismo. En *Mujer Anónima 1 y 2*, hay una figura de rasgos que insinúan una vaga identidad, sin embargo, la mirada del personaje transmite una idea cierta: ella conoce su destino y es el porqué de su intensa mirada.

Si bien Sherman se autorretrata como objeto de varias proyecciones en múltiples y cambiantes roles sosteniendo así un anonimato, Bianco entrega a su personaje un instrumento de despojo y comunicación: su sexualidad. Tal vez por ello el tampón se desliza entre los labios queriendo decir palabras, una catarsis de los estereotipos que han intentado conformar la identidad histórica de la mujer a una condicionada por su cuerpo.

Las artes visuales contemporáneas debaten la distinción entre sexo o lo sexual, y lo que es el género, aquello que la sociedad construye muchas veces a expensas de la alienación. *Lucha interior-exterior* es una pieza que dirige la atención del observador hacia esa dicotomía sexo-género, un tema ya explorado por la fotógrafa Zoe Leonard: el cuerpo desnudo de una mujer de faz parcialmente oculta, está geométricamente cubierto por una ristra de tampones. Arma o defensa, sexualidad o sacudida, ésta es una mujer que parte del rol con que la sociedad la crea para rechazarlo a través del objeto.

La estética y el discurso que acompañan las imágenes de Victoria Bianco invitan a una reflexión del pasado y el presente del cuerpo (exterior e interior) de la mujer; en palabras de la autora ellas se abocan "a una reflexión de la mujer con su propia historia y la creada por el hombre desde antes de las brujas".

Le *Voyage Infini:*
Archivos fotográficos
de Julio Cortázar
(07, modelo para amar)[2]

Nunca quise mariposas clavadas en un cartón; busco una ecología poética, atisbarme y a veces reconocerme desde mundos diferentes, desde cosas que sólo los poemas no habían olvidado y me guardaban como viejas fotografías fieles...

La íntima conversación entre la escritura y lo visual, la plástica y lo poético, alcanzó niveles máximos en los textos de Julio Cortázar, autodefinido músico, fotógrafo y dibujante amateur (él mismo pintó la portada de *Rayuela*); Cortázar llevó la prosa de mano con la percepción de las imágenes en una suerte de metodología que atesoraba la realidad *como viejas fotografías*. La expresión más elaborada de esta característica cortazariana fue lograda en *Prosa del observatorio*; un texto de

---

[2] Tras visitar la exposición Archivos Fotográficos de Julio Cortázar, París, marzo 2007.

100 | Jochy Herrera

indudables rasgos poéticos que parte de los observatorios de Jaipur y Delhi mientras convoca la noche del sultán Jai Singh entre angüillas y el anillo de Moebius. Una travesía que según la escritora Cristina Peri Rossi representa una aproximación a un código poético facilitador de metáforas "... al conjugar la imaginación o el ritmo, como compases de una estructura musical".

Es conocida la particular atracción del escritor por el *graffiti* y los afiches urbanos a los que llamaba "poemas anónimos"; entendía que éstos representaban un mensaje inconcluso que el observador encontraba y completaba a su antojo. A corta distancia del distrito parisino de Saint Germain de Près, donde los "poemas anónimos" se nos atraviesan, vecindario escondite de Cortázar en el París y la *Rayuela* de los sesenta, hay una estación de *Metro* que lleva al *Old Navy*, su café favorito. Allí, machacando el francés, pregunté a las *bartenders* si sabían quién era; no le conocen al *Lobo*. Se acaba la cerveza, salgo a la calle leyendo afiches que invitan a viajes por Malasia y Chipre o a una exposición sobre la foresta de Fontaine blue, hasta tropezar con el que publicita la apertura en la *Maison de l'Amérique Latine*, de la exposición *Le Voyage Infini*: cuatro mil *ítems* que narran la vida de Cortázar y que según el póster de la muestra, nos harán penetrar al universo individual y literario del autor a través de su archivo personal complementado con la colección de Aurora Bernárdez, su primera esposa y única albacea.

El entorno lo forman dos plantas de salones adyacentes adornados con fotos tamaño natural y muchas obras pictóricas que parecían ser de su colección particular; una primera pared invita a leer la traducción francesa del texto *Para escuchar con audífonos* mientras una pieza de Gustav Mahler quiere entrar a otros audífonos que cuelgan de una repisa. Un segmento fílmico de RTV española donde se escucha hablar a Cortázar sobre el acto de escribir y el significado del *boom,* es proyectado en *leimotiv* en una pantalla plasma que nos introduce a la primera sala donde al igual que en muchos otros detalles, se aprecia el pensamiento político, artístico e individual del personaje: "...escribir un libro tras otro es como eliminar lo superfluo para llegar a lo absoluto, un libro más es uno menos para llegar a ese libro absoluto..." y añade: "el *boom* respondió al azar en un momento histórico importante para América Latina, y lo hace mejor que la lógica... no fue un complot de los escritores; todos escribimos desde la soledad y la pobreza antes de la fama editorial..."

Múltiples fotografías evidencian la cercana relación que Cortázar mantuvo con García Márquez, Vargas Llosa, Octavio Paz, Calvino, Carpentier y Lezama Lima. Le vemos deambular por Grecia, la India, Pisa y París durante toda una década antes de su primer regreso a Latinoamérica en 1961; se había establecido en Francia a la edad de 37 años. La niñez y juventud son documentadas con una colección de *carnets*: la cédula militar, la licencia de traductor público, la tarjeta de descuento de maestro, la membresía al club de esgrima y gimnasia. Sus primeras impresiones de París se revelan en fotografías en blanco y negro a monumentos y puentes que llenaron la vida de Oliveira, Polanco y Johnny muchas páginas después, en aquella novela mito.

Abundan las cartas a sus amigos, editores y amantes; textos reveladores de la negativa de Cortázar a "someter sus confesiones a la literatura". Sus fotos originales retocadas por Antonio Gálvez y que acompañaron a *Prosa del Observatorio* están yuxtapuestas a otra serie titulada *Viaje a bordo del Belgrano, Buenos Aires-Marsella 1958*; en éstas se evidencia el sentido de mutante y pasajero eterno que caracterizó el ideario literario y existencial de Cortázar. Dos lustros más tarde, en otro grupo fotográfico, *Poupee Cassee*, nos encontramos ante otra conocida propuesta suya: la utilización del objeto como trasgresor de su ser mismo; muñecas plásticas en posturas sexuales evocadoras del trabajo de la artista norteamericana Cindy Sherman.

Las hermosísimas poses tomadas en su estudio por la legendaria fotógrafa argentina Sara Facio y que rodaron por el mundo hirviente de la década de 1960, muestran un sujeto inquieto que aún medita; las originales que él mismo tomó y posó para su segunda mujer Carol Dunlop diez años después durante aquel otro viaje atemporal París-Marsella, viaje de *autonautas por la cosmopista*, contrastan. Tal vez porque las sabemos cercanas al final, como lo confiesan sus ojos cansados casi presagiando el principio de una partida que llegaría apenas dos años después.

Cortázar filmó cortos en 8 Mm., algunos de índole documental y otros claramente experimentales; de los presentes en la exposición hay uno realizado en la India en 1968, *Ritos*. Contiene una secuencia que empieza con las sombras creadas por las barras de hierro de un portón que a su vez se confunden con las caras de unos niños y continúan con transeúntes, un mercado, carteles comerciales y escenas callejeras de Delhi, no sin antes mostrar altorrelieves del Kama Sutra en edificaciones casi en ruinas. Es un *collage* absurdo que parte de una realidad aún más absurda: la pobreza y la pureza que caminan al unísono.

Después de hora y media me fui sin saber dónde viajaba la exposición tras completar la visita a París (que simultáneamente albergó una segunda parte en el Instituto Cervantes de dicha ciudad); el señor a la entrada no hablaba castellano. A pesar de ello, meditando de regreso al hotel no pude dejar de recordar las palabras con que Cortázar, en aquella entrevista concedida a RTV española en 1977, parafrasea un poema de Lorca intentando definir la itinerante caza del escritor: "...el poeta siempre busca el otro lado; en la memoria yo no soy nada sino solamente un pulso herido que ronda las cosas del otro lado".

Aquella jubilosa danza que en *Prosa del Observatorio* hablaba de la realidad hoy dicta un ejercicio de invención: redescubrir las ideas de un perseguidor de cronopios y cronologías que en París, mate en mano, le fueron desahogo y memoria. Y en cualquier otro territorio a nosotros, nos son cosas que se escapan infinitas, como lo que solamente las palabras saben ser.

Goya en tiempos de guerra

El dieciséis de noviembre de 1937, bombas incendiarias lanzadas por aviones nazis caían sobre el Museo del Prado en el Madrid cercado por las tropas franquistas. Decidido a poner a salvo el tesoro artístico conservado en la pinacoteca, la Segunda República ordena el traslado de las obras más importantes a Valencia, a la sazón, sede del gobierno. Sin embargo, los cuadros deberán ser transportados una vez más por tierra durante la primavera del siguiente año a fin de escapar el continuo ataque fascista; en ese marzo de 1938 dos Goya de imperecedero significado histórico y pictórico, *Los fusilamientos del tres de mayo* y *El dos de mayo o la carga de los mamelucos*, resultan severamente dañados por las bombas mientras viajan en un camión con destino a Barcelona. Un tajo de tres metros atraviesa el primer cuadro y numerosos agujeros maltratan al segundo.

Tras años de restauración, el Prado inauguró la exposición *Goya en tiempos de guerra* donde reaparecen los lienzos por primera vez junto a otras doscientas piezas del maestro aragonés. La exposición, organizada por el Ministerio de Cultura Español y la Comunidad de Madrid, estuvo abierta al público en la primavera de 2008.

El evento coincidió con el segundo centenario de los sangrientos sucesos de la llamada Guerra de la Independencia posterior a la invasión napoleónica que culminaron con la reinstauración del fatídico reino absolutista de Fernando VII, la abolición de la Constitución liberal y el retorno de la Inquisición. Sin embargo, al estudiar en detalle las obras de Francisco de Goya y Lucientes agrupadas para la ocasión, evidenciamos que la muestra no trata sobre la gesta que los cronistas han definido como independentista; los lienzos, ni son patrióticos en el sentido simplista de la palabra, ni tampoco llevan un propósito necesariamente histórico-cronológico.

Goya perseguía revelar algo que logra magistralmente: el horror y el absurdo de los conflictos bélicos; sin tomar bandos, documenta el crimen del invasor francés con la misma intensidad que las deshumanizantes hazañas protagonizadas por el enardecido pueblo español resultado de aquellos abusos. Con el decidido propósito de sacudir al observador, el maestro preconiza la locura de tiempos por venir en uno de los dibujos pertenecientes a la colección *Desastres de guerra*: el número 72, *Las resultas*, donde unos murciélagos en tinta negra atacan el cuerpo postrado de una mujer, para algunos la España herida, o quizás la libertad amenazada que vaticina la llegada de la sangrienta monarquía.

Tres series o grupos de obras dan sostén al esqueleto de la exposición: *Los fusilamientos*, los *Desastres de guerra* y los *Caprichos enfáticos*. Los primeros evocan la dicotomía víctima-victimario protagonizada por la reacción popular ante la agresión de las fuerzas francesas del General Murat: en *El dos de mayo* tres corceles nos dirigen una aguda mirada detrás del cuerpo de otro caballo blanco que en primer plano está siendo acuchillado por un patriota. En *El tres*, un pelotón de *La Grande Armée* fusila hombres y mujeres que han intentado rechazar las tropas extranjeras: una linterna ocupa el centro del lienzo sólo para subrayar las facciones de un hombre que manos en alto, y en reminiscencia al sacrificio de Jesús en la cruz, enfrenta la muerte con orgullo desafiando a sus verdugos con valor y rebeldía. Son precisamente estas dos obras las que posteriormente se convirtieron en víctimas de la revuelta antifranquista, como si los enemigos de la libertad ansiaran que la denuncia de Goya no hubiese sobrevivido la historia.

En el *Desastre* número 12, *Para eso habéis nacido*, un dibujo de apenas quince centímetros de largo, la máxima expresión de repulsión a la guerra es manifestada a través de una figura erguida sobre un montón de cadáveres. Ésta no es una silueta triunfante a pesar de que es la única que aparece de pie en la composición, al contrario, está tan derrotado este pobre hombre que deambulando, tropieza con muertos tal vez anónimos; es un hombre que incapaz de contener sus entrañas ante la tétrica escena, vomita frente a semejante visión del desamparo humano.

La obra de Goya correspondiente a este período y los lustros posteriores significó un vuelco en temática y estilo ya que a pesar de disfrutar los privilegios de pintor de la Corte y de haber sido respetado y solicitado por la nobleza y la aristocracia, los eventos que le tocaron vivir le trasformaron en un artista que en opinión de muchos críticos, fue pionero en desmitificar la guerra como acto enaltecedor de la humanidad y de los pueblos. Otros conocedores de su trabajo han sugerido la probable influencia que ejerció en artistas como Picasso (quizás en referencia al *Guernica*) o más recientemente Fernando Botero, quien de seguro pensó en Goya y sus *Desastres* mientras concebía los lienzos de *Abu Ghraib*.

Visión de la guerra

Goya supo expresar pictóricamente no sólo sus tormentos interiores sino también aquellos de los que era testigo: contribuyó al arte caricaturista con *Los Caprichos enfáticos*, (últimas estampas de los *Desastres*), una colección de viñetas sobre la conducta humana en momentos donde lo aciago era rutina. Destacó, casi como nadie, el importante papel de las mujeres en las manifestaciones de insurrección popular, quienes junto a los campesinos y trabajadores humildes de la España monárquica precapitalista, plantaron los cimientos del desarrollo y participación social en el más atrasado de los estados europeos de la época. Goya es además un precursor del estudio sociopolítico al documentar en sus grabados una estrategia militar de resistencia nunca antes conocida: las guerras pequeñas, *Las guerrillas*, título otorgado a los grupos armados organizados espontáneamente por la población contra el ejército francés.

Pero sobre todo, la obra de esta fase goyesca refleja el ideal de un hombre consciente de sus propias contradicciones: capaz de pintar para la Corte a fin de sobrevivir económicamente y al mismo tiempo no renunciar a la sensibilidad social que le llamaba a ilustrar cuanta injusticia observaba. Así, rechaza el honor de ser invitado a compartir con el monarca reinstaurado por la nobleza y la Iglesia prefiriendo trasladarse a Zaragoza, cerca de su tierra natal, a constatar en persona la desolación sufrida por aquél heroico pueblo como consecuencia del asedio de las tropas napoleónicas.

El prestigioso crítico de arte de origen australiano Robert Hughes, en su libro *Goya* publicado en 2004, sugiere que la obra del artista en el período de la guerra nos obliga a comparar la imagen de uno de los *Desastres de guerra*, el número 50, titulado *¡Madre infeliz!*, con la fotografía de aquella niña vietnamita que en 1972 recorrió el mundo: Phan Thi

Kim Phúc, quien contaba apenas con nueve años de edad cuando fue retratada huyendo desnuda tras haber sufrido quemaduras en un bombardeo de NAPALM. El *¡Madre infeliz!* de Goya, dos siglos antes, mostraba unos hombres que piadosamente arrastran el cadáver de una mujer víctima de la guerra mientras su hija se frota los ojos desesperadamente en lo que en opinión de Hughes es de hecho, una de las más desgarradoras escenas en toda la obra de Goya.

Goya murió sordo envuelto en las tinieblas del pensamiento, mas dejó un legado ilustrativo del nuevo ser humano que el siglo XVIII ya insinuaba; de estar vivo hoy de seguro hubiese comprendido la urgencia del fin de una guerra, que sin *mayos* ni *fusilamientos*, sin *caprichos* y con todos sus imaginables y reales *desastres*, está peligrosamente cerca de aquella España devastada por el poder y la ambición.

Gustav Klimt
y Egon Schiele:
¿iconografía de lo prohibido?

Un sexo de mujer descubierto (…)
sometido desde siempre
(por imposible, por inaccesible)
a todas las metáforas
a todos los deseos
a todos los tormentos...
Cristina Peri Rossi

Klimt, pintor de mujeres (1862 - 1918)

Para el hombre y para la sociedad en general esta nueva imagen de la mujer crea un gran desconcierto. El deseo y la angustia, la insatisfacción fascinada, la lejanía sensual, el propio exotismo de su imagen y comportamiento convierten a la mujer y su erotismo en un asunto central y obsesivo para el final de siglo y, muy especialmente, para una Viena, como la de Klimt, en la que la doble moral alcanza sus cotas más refinadas y perversas. Estas palabras de Pablo Jiménez Burillo, aparecidas en el catálogo de la exposición *Mujeres. Klimt*, presentada en Madrid en el verano de 2006, describen el contexto donde se debatía el arte vienés en las décadas 1900 - 1920: el reino agonizante del clan Hasburgo, el modernismo del naciente pensamiento psicoanalítico de Freud y la influencia de una burguesía que paradójicamente entraba en franca decadencia. Todo esto ocurría apenas al principio de un nuevo siglo ya amenazado por la Primera Guerra Mundial y la pandemia de influenza española de aquél fatídico 1916.

Gustav Klimt, hijo de una modesta familia austríaca, nace en julio de 1862 y gracias a su talento se convierte en apenas unas décadas en el artista más controversial de su época. El rebelado que rechaza el dictado ideológico y creativo de la Academia de Viena y que funda en 1897 el movimiento de la Secesión —*Wiener Sezession*—; artistas y arquitectos que perseguían la unidad entre el arte y el diseño, la creación de un espacio abierto a jóvenes anticonvencionales (al estilo del *Art Nouveau* francés y la *Jugendstil* alemana) bajo el lema "a cada edad su arte, al arte su libertad".

Retratista de la gran burguesía, Klimt es también el creador que reconoce la interferencia de los trabajos comisionados con la espontaneidad; el artesano que pretende combinar el ornamento abstracto —objeto decorativo mismo— con el erotismo femenino de cuerpos y figuras liberadas. Ambas cosas son logradas bajo la más refinada estética, la influencia de la mitología y del arte bizantino y japonés que facilitan a Klimt la creación de obras imperecederas que marcaron el expresionismo y realismo pictóricos del siglo XX más allá de su archiconocida pintura *El Beso* (1907-1908).

La periodista española Elsa Fernández Santos ha dicho con toda certeza que el dibujo y la pintura de este autor cumplen la función de ensayo y complemento el uno al otro; mas a su parecer, "el tratamiento estilístico en ambos soportes resulta muy diferente: la intensidad erótica que muestran sus bocetos naturalistas se transforma en pura estilización en muchos cuadros en los que la carga emotiva es mucho menos evidente". Es precisamente el erotismo pictórico (encarnado en la mujer, sola o junto a otra, amante u observadora) lo que le valió a Klimt el reconocimiento de innovador, pintor genial y liberador de la sexualidad reprimida en aquellos años tempranos del pensamiento freudiano. Y también el rechazo del *establishment*, ejemplificado en los epítetos de Adolf Loos cuando en 1908 criticaba su trabajo: "...pero el hombre de nuestra época, que llevado por una compulsión interna, embadurna paredes con símbolos eróticos, es un criminal o un degenerado".

Podrían escogerse múltiples obras a fin de escudriñar el legado de Klimt, la técnica, el pensamiento y la complejidad de su creación. Sin embargo nos interesan tres lienzos (los cuales hemos tenido la oportunidad de ver en persona tanto en la Osterreichische Galerie de Viena como en la Neue Galerie de New York): el *Retrato de Adele Bloch-Bauer I* (1907), *Judith I* (1901) y *Judith II* (1909).

El primero es un óleo en plata y oro completado entre 1904 y 1907 durante mucho tiempo la pintura más cara de la historia: US$135 millones que fueron pagados en 2006 por Ronald Lauder, hijo de la magnate de cosméticos Esteé Lauder. *Adele Bloch-Bauer I* había sido comisionado a Klimt por el propio esposo de Adele, el industrial azucarero de origen judío Ferdinand Bloch. Tras la muerte de su esposa, Ferdinand escapa a Suiza como resultado de la ocupación nazi. Allí especifica en su testamento, contrario al deseo de Adele, que la propiedad del cuadro es de sus sobrinos, entre ellos Maria Altmann, única sobreviviente residente en Los Angeles desde 1942. Altmann luchó por mucho tiempo contra el gobierno austríaco a fin de rescatar la obra de la propiedad familiar; luego de lograrlo en un litigio que llegó hasta la Suprema Corte de Justicia norteamericana, el cuadro fue vendido a la Neue Galerie en 2006 por el precio récord ya mencionado.

Adele Bloch-Bauer I le tomó a Klimt varios años completar y, de acuerdo a los expertos, representa una de las más hermosas obras pictóricas premodernas: una enigmática mujer de labios fuertes y sin sonrisa, manos rígidas que esconden dígitos deformados y sobre todo ojos firmes llenos de certeza: la que quizás le hubiese permitido a Adele ir a la universidad o trabajar en el Gobierno, en palabras de la sobrina Altmann. Esta pintura, bautizada como "nuestra Mona Lisa" por su nuevo dueño representa a mi parecer, la quintaesencia de la contradicción. Se trata de una mujer hija de la sociedad burguesa en crisis reflejada en la protagonista misma: casada sin amor, *socialite* miembro de una urbe que pronto enfrentará los estragos de la influenza y la ocupación del Tercer Reich, y un pintor de exquisita sensibilidad a todas luces desafiante del estado de cosas de la época. Son las circunstancias que conforman un lienzo de detalles nunca antes aplicados en el retrato femenino; una imagen poderosísima de paz y tormento enclavada en ornamentos que brillan junto a evocadores símbolos míticos de origen ruso y egipcio.

Judith: femme fatale, femme fragile

Los estudiosos de Klimt no han dudado en afirmar que Adele Baucher no sólo fue su modelo sino su amante, a deducir por las referencias pictóricas de la serie *Judith*, para algunos la más autobiográfica. Recordemos que según los textos bíblicos Deuterocanónicos, Judith es la hermosa viuda judía que salva el pueblo de Betulia sitiado por el ejército de Holofernes, enviado del Rey Nabucodonosor. Holofernes, poderoso general asirio, es seducido por Judith quien le decapita tras embriagarlo liberando de tal forma a su hostigado pueblo. En una suerte de "obsesión interpretativa" los críticos e historiadores del arte vienés han intentado mostrar cómo Klimt, artista indudablemente abrazado por la pasión, es simultáneamente capaz de traspasar el espejo de lo inmediato y revelar, pincel en mano, las interioridades de sus propias contradicciones.

Judith I muestra una mujer poseedora de una virtuosidad erótica incomparable: la mirada lasciva, una nariz apenas mostrando el respiro acelerado, el éxtasis de los ojos entreabiertos, un pezón único —el otro cubierto— y manos que acarician la cabeza oscura de Holofernes a la diestra del cuadro, son reminiscencias de la mujer amenazante y la mujer fascinante de Klimt. Interpretación que de acuerdo a la autora Susanna Partsch, es el tema fundamental de esta obra maestra: el triunfo de la seducción femenina sobre la "perenne" virilidad masculina.

En *Judith II* acudimos a una obra de rasgos opuestos. Aquí el espectador no es visto a los ojos ni tampoco es seducido; los ojos semiabiertos de esta mujer miran hacia abajo con muy poco interés erótico. Ambos pechos lucen francamente descubiertos, desprovistos de la menor intención provocadora. La lujuria ha desaparecido, Holofernes yace inerte tirado en un saco semioculto. "La castración está completa", en palabras de Partsch.

Cabría preguntarse si Klimt vivió estos "tormentos" a plena conciencia; si la sociedad que simultáneamente le admiraba y rechazaba no era precisamente el reflejo de la dualidad de las *Judith I* y *II*. La contradicción que en aquellos años Freud intentaba descifrar en el naciente subconsciente.

Egon Schiele: *provocateur par excellence*

El cuerpo femenino ha sido el campo de batalla del imaginario masculino desde los tiempos de las brujas. Bastaría recordar aquél manual de la maldad que en 1484 Inocencio VIII comisionó a los monjes alemanes Heinrich Kramer y Jacobo Sprenger: el *Malleus Maleficarun* (El martillo de las brujas). Se trataba de un texto legítimo que instruía al lector, gracias a la bula papal *Suminis desiderantes affectibus*, sobre todo lo referente a las propiedades pecaminosas de la mujer-bruja, es decir, "los peligros de su cuerpo demoníaco", hogar de las tentaciones, y las fórmulas más efectivas de cómo curarle. Tres siglos más tarde, entradas las décadas finales de los 1800, el erotismo invade las artes como manifestación de la búsqueda de la libertad expresiva, según opinión de algunos, y como presunto propósito del arte visual de acuerdo a otros tantos. Egon Schiele (Tolln, Austria 1890), hijo del expresionismo vienés de *fin de sieclé* no escapa al desafío del cuerpo de la mujer.

De acuerdo con Ken Johnson, crítico de arte del diario *The New York Times*, Schiele es el artista atormentado que se autorretrató quizás tanto como Durero, así como el obseso que vivió arropado por sus propias fantasías sexuales. Hijo del encargado de una estación ferroviaria, vivió una niñez marcada por la huella indeleble de la muerte de su padre con quien mantenía una cercana relación. Su partida prematura le obliga a la introspección, a la búsqueda del yo a través de la imagen desaparecida. Por ello la fascinación con los rieles y los paisajes y los repetidos autorretratos permeados de ansiedad existencial que ocupan gran parte de las obras de Egon Schiele durante la primera mitad de su cortísima vida. En él, el autorretrato se convirtió en búsqueda, en una forma de autobiografía en evolución: el escrutinio de sus propios rasgos, para muchos francamente narcisistas.

Tras rechazar la enseñanza de la Academia Schiele sigue los pasos de Klimt, guía de quien adopta el estilo decorativo en el lienzo al tiempo que sus trazados se hacen progresivamente distintos. Es por ello que a los veinte años de edad ya se ha convertido en un pintor de sólidos rasgos definidos: "Yo seguí a Klimt hasta marzo. Hoy, yo creo, soy justamente su opuesto...", es la frase donde anuncia su primera exposición individual en la Galería Miethke de Viena en el año 1910.

La representación de la mujer en el universo Schiele ha sido enfocada desde una perspectiva que critica una presunta "obsesión por los aspectos más perversos de la sexualidad humana", a juicio de la escritora Mireia Antón Puigventós. Por otra parte, de acuerdo con Reinhard Steiner, sus desnudos "son la más radical forma de autoexpresión, la manifestación del ser en su totalidad, no porque el cuerpo esté expuesto sino porque en ellos el ser es mostrado a plenitud". De tal forma, el retrato en Schiele podría verse como el reflejo de su propio ser, espejo de un alma inquieta en busca de un encuentro con el recién "descubierto" superego a juzgar por las lecciones de su contemporáneo, el maestro Freud. ¿Dónde puede entonces reconciliarse la batalla del artista con la del observador?

La complejidad melancólica del eros

Se ha dicho que si bien Klimt contribuyó a la iconografía de lo prohibido, "mostrando mujeres atrapadas en raptos oníricos", su propuesta pictórica también reflejó el potencial erótico de la autocontemplación y el lesbianismo en épocas donde estas concepciones no se correspondían con la hipócrita moral predominante.

Schiele, escurrido entre el expresionismo y la escuela *Jugendstil*, trabajó desde un ángulo diferente donde lo autodestructivo era primer plano y el desnudo rozaba lo pornográfico. Parecería que se trataba de un arte en pos de la excitación sexual, mientras simultáneamente "representaba la mujer como arquetipo: el objeto de deseo intercambiable".

El abrazo (Osterreichische Galerie, 1917) es a mi juicio, la más profunda ilustración del Schiele atormentado: observamos en este monumental lienzo un abrazo desesperado, un lenguaje anatómico pletórico de tal ansiedad existencial que sólo los cuerpos receptores-proveedores son capaces de comprender. Hay aquí una dimensión del cuerpo radicalmente distinta al Schiele antes descrito: una que excluye los genitales, a excepción del pubis femenino apenas sugerido entre curvas trazadas con pinceladas tan caóticas como geométricas; una estampa visual tan intensa como provocadora a pesar de la ternura sugerida por dos seres que buscan su mutua protección.

Indudablemente Klimt y Schiele dejaron una huella en el territorio del arte pictórico que preconizó el devenir del ulterior modernismo. Desafortunadamente su genialidad fue incapaz de alertar lo que el futuro aguardaba a aquella Europa en crisis: guerras e infortunios que hervían en territorios más cercanos a la "realidad" de dos *enfants terribles* decididamente prematuros.

Escuchar la idea 4

Julio Cortázar,
perseguido(r) del jazz

...la única música universal del siglo, algo que acercaba a los
hombres más y mejor que el esperanto, la UNESCO *o las aerolíneas...*
y cada hombre quisiera arrancar esos corpiños
tibios mientras las manos acarician una espalda y las muchachas
tienen la boca entreabierta...
entonces sube una trompeta poseyéndolas por todos los hombres...
Horacio Oliveira, *Rayuela*

La influencia del jazz no sólo ha sobrepasado los límites geográficos de su país de origen, sino los de la música
misma. Es un género que más que música, es todo lo demás: un icono de dimensiones infinitas; pletórico de actitudes y asociaciones simultáneas y conflictivamente estéticas,
viscerales, raciales, religiosas, políticas, idiosincrásicas, colec-
tivas e individuales, filosóficas y utópicas. No ha de sorprender por ende que haya influenciado artistas de otros

medios. Porque es entendible que una música que aspira a la condición de discurso o mensaje más allá de los límites de lo decible, induzca a los artesanos de la palabra, los escritores, a desafiar expectativas convencionales sobre estructura, lenguaje, carácter y voz, componentes esenciales de la forma literaria. Al menos así lo consideran Art Lange y Nathaniel Mackey, editores de *Moment's Notice* (Coffee House Press, Minneapolis 1992), la más importante antología de literatura influida por el jazz publicada de los últimos tiempos. Dos de los 108 trabajos seleccionados son autoría de Julio Cortázar.

Aunque utilizó la pintura como instrumento creativo y lenguaje de comunicación (*Fin de Etapa*), fue el jazz lo que le facilitó a Cortázar la invención de un sistema de palabras. Lo empezó a escuchar durante una adolescencia que transcurría a fines de los años veinte mientras descubría el maravilloso fenómeno de su esencia: la improvisación y la libertad, características análogas al surrealismo de Breton y Crevel, escritores que le influyeron en esa época formativa. Cortázar se consideraba un músico frustrado y llevó esa nostalgia a la escritura y a la prosa a través del ritmo.

En la más extensa entrevista antes de morir concedida al ensayista uruguayo Omar Prego, Cortázar definió la relación entre los *takes* del jazz y el surrealismo de lo que él llamaba literatura automática: "La escritura es una operación musical con ritmo y eufonía propios. En la medida en que se ajusta a un ritmo que a su vez surge de un dibujo sintáctico (el idioma), al haber eliminado todo lo innecesario, todo lo superfluo, aparece la pura melodía. La escritura que no tenga un ritmo basado en la construcción sintáctica, en la puntuación y el desarrollo del período (…) carece de esa especie de *swing* que busco en los cuentos."

Los textos cortazarianos revelan el jazz bajo tres vertientes principales: como instrumento que condiciona el texto mismo, como instrumento del autor en la creación del personaje, la historia o el momento argumental y como un reflejo de que la libertad del género se asemeja a la libertad del juego de palabras que siempre buscó: un rechazo a la separación de lo real de lo fantástico. La libertad auténtica a que el jazz alude, soslaya y hasta anticipa, le resulta atractiva porque implica una búsqueda personal. Si bien tanto en *Rayuela* como en *Louis, Enormísimo Cronopio* se filtran los músicos más importantes como partícipes o personajes insinuados; no es hasta *El Perseguidor* donde a partir del jazz su cuentística toma otro rumbo.

Johnny Carter es Charlie Parker en las postrimerías de su carrera y Bruno, protector, crítico y admirador, es el autor: "…por primera vez hay una tentativa de acercamiento al máximo a los hombres como seres humanos. Hasta ese momento mi literatura se había servido un poco de los personajes; ellos estaban ahí para que se cumpliera un acto fantástico, una trama fantástica… en *El Perseguidor* es fácil darse cuenta de que la figura de Johnny Carter y la de su antagonista fraternal, Bruno, han tratado de ser vistas por el autor como si él fuera ellos en alguna medida (...) quise renunciar a toda invención y ponerme dentro de mi propio terreno personal, es decir, mirarme un poco a mí mismo lo que era mirar al hombre, a mi prójimo."

La nostalgia, sentimentalismo e inocencia evocada por el *swing* jazz de los años treinta, se transformó en *bebop*, un ritmo rebelde, intenso y energético que exigía un mayor compromiso. La realidad de la posguerra llevó a que los artistas negros reclamaran el jazz de los salones y las grandes bandas, que lo reinventaran a base de la improvisación de frenéticas notas por encima de la línea melódica.

Charlie Parker, responsable principal del desarrollo del *bebop*, se convierte en el más grande saxofonista e improvisador en la historia del género. A Johnny Carter, al igual que a Parker —*Bird*— le obsesionaba la idea del tiempo:

"...esto lo estoy tocando mañana (...) yo no pienso nunca; estoy como parado en una esquina viendo pasar lo que pienso, pero no pienso lo que veo." Esta concepción encajaba con el planteamiento formal de *El Perseguidor* y en cierta medida también con el de *Rayuela*: los personajes de los relatos, al igual que el lector, serán todos perseguidores de algo que dé sentido a nuestra vida sobre este mundo. Y encajaba además dentro de la visión cortazariana de que los juegos, las invenciones, lo lúdico, es una de las armas centrales por las cuales el ser humano se maneja en la vida: "...lo lúdico entendido como una visión en la que las cosas dejan de tener sus funciones establecidas para asumir muchas veces funciones muy diferentes, funciones inventadas".

Amante de las aves, al igual que John Keats, su poeta favorito, Cortázar relató una vez cómo un pájaro vagabundo se estrelló contra la ventana de su estudio suponiendo tal vez que estaba abierta. Recogiéndolo en sus manos todavía aleteando y moribundo pensó: "pero eso, no saber y no sentir, pasar del todo a la nada sin saberlo ni sentirlo, ¿puede ser la muerte?" Su amigo el ensayista Alberto Cousté, dice, aludiendo al incidente: "...no dejó de preguntárselo, de uno u otro modo, a lo largo de su obra y de su tiempo, sabiendo como sabía que nada contestaría en él a esa pregunta, que nada definitivo existe ni existirá nunca en las respuestas."

Charlie Parker, como Cortázar, insistió en vivir lúdicamente. Persiguiendo la pista de mundos que otros no conocían, uno en Kansas y el otro en París, ambos conjugaron dos géneros bajo un mismo estilo: el jazz de las palabras.

Juan Luis Guerra y *440*: breve historia de un mito[3]

Juan Luis Guerra Seijas (República Dominicana, 1957) es uno de los más trascendentales artistas de dicho país cuya notable influencia musical y comercial alcanza Europa, Japón, Suramérica y en particular Estados Unidos, hogar de más de un millón de compatriotas, y donde sus ritmos traspasaron las tradicionales barreras de la diversidad musical latinoamericana.

Durante sus años formadores Guerra vivió en un círculo de familia clase media en la capital dominicana, donde simultáneamente fue testigo y partícipe de los grandes tumultos sociales que abatieron esa nación caribeña en las décadas de 1960-1970 posteriores al ajusticiamiento del tirano Rafael L. Trujillo. El país que había sentido las tenues brisas de la democracia durante el gobierno de Juan Bosch, pronto

---

[3] Publicado originalmente en inglés en *The Oxford Encyclopedia of Latinos and Latinas in the US*, Oxford University Press, 2005.

vio a sus jóvenes influenciados por los Beatles, la guerra de Vietnam y la invasión de tropas norteamericanas en 1965. Los músicos de la época, incluyendo a Juan Luis Guerra, estuvieron sin duda alguna moldeados por la cultura estadounidense, en particular el jazz y el *rock and roll*. De hecho, Guerra debuta públicamente en Santo Domingo como rockero en el grupo *Under* en 1972. Posteriormente su trabajo musical evoluciona hacia la canción de contenido social en parte bajo la influencia del poderoso movimiento de La Nueva Canción diseminado por toda América Latina. La primera aparición de Juan Luis Guerra como solista es justamente en un concierto de los expositores de tal género en 1976.

Sin embargo, fue el merengue, quintaesencia del ritmo musical dominicano, quien puso a Juan Luis y su tierra en el mapa del globo en las postrimerías del siglo XX. Aunque el merengue data de fines del siglo XVIII y principios del XIX, no fue sino hasta las décadas tempranas de los años 1900 cuando se hizo popular, en parte resultado de su imposición por Trujillo. El dictador, en franco rechazo de los ritmos africanos, utiliza el merengue a fin de conectar con la población campesina, base social de su régimen.

Guerra abandona sus estudios en la Universidad Autónoma de Santo Domingo y se inscribe en el Conservatorio Nacional de Música y posteriormente en el Berklee College of Music en Boston donde se titula en Composición Musical en 1983. Tras su regreso al país, funda el grupo *440* (en referencia al número de vibraciones de la nota A sobre C media, el tono que afina todos los instrumentos musicales); los integrantes iniciales del cuarteto fueron Maridalia Hernández, Roger Zayas y Mariela Mercado, posteriormente se modificó con la inclusión de Adalgisa Pantaleón y Marco Hernández. En poco tiempo *440* alcanzará los más grandes logros en la arena internacional y transformará para siempre la cultura y música dominicanas.

El primer disco de Guerra y los *440, Soplando* (1984), además de estar irrefutablemente influenciado por el jazz al estilo Manhattan Transfer, contiene composiciones del merengue clásico ejecutadas por primera vez *a capella*. Se necesitaron varios años y otros tres discos para que la agrupación, de creciente popularidad en el ámbito local, lograra alcanzar proyección internacional, un hecho que en gran parte reflejaba las conocidas limitaciones de distribución y producción del arte de calidad. Fue en Puerto Rico donde el lanzamiento internacional de Juan Luis Guerra sentó las bases necesarias que lo convirtieron en un fenómeno mundial. Las millonarias ventas de récords y la impecable calidad de sus piezas resonaron en las páginas de *Rolling Stone Magazine*, y en 1991 Guerra y *440* ganan el premio *Grammy* en categoría de Álbum Latino Tropical con el disco *Bachata Rosa*.

La estética musical de Juan Luis bordea la perfección y revela una atención casi compulsiva al detalle y la composición, no sólo en las grabaciones, sino también en las presentaciones en vivo. Los atributos más relevantes de su música incluyen, entre otros, la íntima conexión con el paisaje cultural y social de la República Dominicana y Latinoamérica en general, hecho evidenciado en la firme denuncia de las inequidades sociales endémicas en estos pueblos: la forzada migración económica, el abuso infantil y la discriminación contra la mujer; la contaminación ambiental; la pobreza y la injusta distribución de las riquezas; la casi eterna crisis de los servicios de salud y el desafío de la identidad nacional tanto para los locales como para aquellos que emigraron.

Otra característica que resalta el fenómeno Juan Luis Guerra es la elaborada y delicada calidad de sus textos, una lírica inspirada y guiada por grandes escritores de la talla de

Pablo Neruda y Julio Cortázar, rasgo muy evidente en trabajos como *Ojalá que llueva café*, *Bachata rosa* y *Areíto*.

Aunque *440* grabó salsa de excelente calidad, este ritmo no fue explorado tan profundamente como el merengue y sobre todo la bachata, esa suerte de *blues* caribeño popular entre los sectores más desaventajados de la sociedad dominicana y posteriormente llevado a la cúspide por Guerra, Luis Días, Víctor Víctor y Luis Segura, entre otros. La bachata es una constante en la producción musical de 440 junto al *perico ripiao*, variante de merengue rústico de poca difusión previa. Este ritmo popular en el campesinado dominicano, es llevado al estrellato junto a los mejores artistas del género —muchos de ellos desconocidos en el mercado internacional—, gracias al trabajo de esta agrupación, un logro consumado para la posteridad en el disco *Fogaraté* (1994).

Juan Luis Guerra indudablemente ha inyectado el orgullo nacional a ritmo de baile al ethos del emigrante dominicano. Recordemos que, en las décadas de 1950 y 1960, los merengueros dominicanos recién llegados a New York (hogar de más de un millón de nacionales) competían por necesidad con los ritmos prevalentes en esos años: el jazz de tono afrocubano y la temprana salsa boricua. El merengue empezó a conocerse como una música netamente bailable, de ritmo exuberante y dotada de una picardía innata que ofrecía un claro contraste con la salsa; mas debieron pasar muchos años para que la creciente población dominicana de aquella urbe lograra posicionar el merengue al mismo nivel de apreciación que la salsa ya disfrutaba. Guerra selló con oro este proceso, impulsando así el reconocimiento del merengue entre los millones de latinos radicados en Estados Unidos.

Icono musical y cultural, desmitificó al merengue y a sus músicos convirtiéndose de esta forma en el indiscutible embajador de la cultura del pueblo dominicano en todo el mundo. El discurso lírico de sus canciones, espejo de las nostalgias, alegrías e infortunios de los latinos, es un legado que marcó de manera definitiva las generaciones de expatriados provenientes de todos los rincones del continente americano.

A partir de 1998, Juan Luis Guerra redujo su actividad artística notablemente y sólo ha lanzado tres álbumes desde entonces: *Ni es lo mismo ni es igual* (1988), *Para ti* (2004) y *La llave de mi corazón* (2007), ganador de un segundo *Grammy* anglosajón. En la actualidad, el artista dedica gran parte de su tiempo a las actividades filantrópicas y a proyectos de índole religiosa.

De cómo el *rock* argentino
es *rock* nacional

…los acusaron de ser los asesinos del tango.

En los últimos cuarenta años, la arena musical argentina ha visto nacer decenas de bandas de *rock*, libros, películas y páginas Web referentes al tema; el desempolvar cuarenta y tantos discos para escribir este texto por lo tanto, no ha resultado tan difícil. Lo complejo ha sido encontrar las constantes y las señas distintivas. El *rock* argentino, con características musicales y sociopolíticas muy particulares, retrata un país y una cultura que refleja las convulsiones vividas por toda Latinoamérica. Desde una perspectiva histórica, abordar el *rock* argentino obliga a abordar también el *rock* español, mexicano o norteamericano. Intentaremos explorar sus peculiaridades y así llegar a la conclusión de que no se trata de *rock* en español proveniente de Argentina, sino verdaderamente de un *rock nacional*.

Temprana rebeldía

Ya se han ido los lugares de mi tierra natal,
y mi tierra llora conmigo, y mi tierra llora contigo.
No, no es verdad que todo sigue igual...
Almendra

Eran los finales de 1963 y Roberto Sánchez, con voz metálica y elegante apariencia, contorneando la cintura y lanzando su chaqueta al aire, hechizaba a los *fans* de la época en apariciones televisadas a la entonces afluente clase media bonaerense. Los del fuego lanzó al estrellato a este joven apodado Sandro El Gitano, quien pese a quien le pese, fue pionero indiscutible del *rock* argentino. Pasarían 27 años para que dos grandes, Charly García y Pedro Aznar, le rindieran homenaje en 1990 al grabar juntos *Tango 4*.

La década de 1960 da nacimiento a grupos marcadamente influenciados por los Beatles y los Rolling Stones, estimulando su temprana autodefinición musical y estética. Para 1966, se destacan tres bandas: Los Beatniks, Los Gatos Salvajes y Almendra. Litto Nebbia funda Los Gatos popularizando *La Balsa*, primer *hit* de éxito masivo dentro y fuera de Argentina, iniciando así una sólida industria de grabación. Con el gran músico Luis Alberto Spinetta a la cabeza, Almendra funda el *rock* "urbano e intelectual"; en *videoclips* que solamente se asemejan a los Beatles, recorren las pampas a caballo buscando lugares recónditos de su tierra natal. Es un grupo que muestra lo que se convertirá en costumbre en el gran *rock* argentino, la preocupación por el entorno y por nuestro interior:

¿cómo será el amor
cómo será el dolor
existirá la fe
existirá la paz?,

sólo lo sabrás cuando
llegue el año dos mil.

Entrados los años setenta, tres hechos impulsan la evolución musical del *rock* argentino: el guitarrista Norberto Pappo Napolitano, "el Jimmy Hendrix argentino", incorpora a Los Gatos la fusión de *blues* y jazz; Pescado Rabioso introduce el órgano a su banda, y León Gieco, María Rosa Yorio y Litto Nebbia consolidan la invasión acústica en las bandas más respetadas de la época. Simultáneamente aparece Sui Generis, considerado piedra angular en la masificación del *rock* en el país; creando letras "que se instalaban en la gente como si fueran sus propios sentimientos, le cambian la cabeza a una generación", en palabras de sus fundadores. En los pocos años de este grupo, Charly García y Nito Mestre introducen "discos conceptuales" frecuentemente censurados; experimentan fusión de tango, folclore y jazz, convirtiéndose en el dúo acústico más importante y popular en la historia del *rock* argentino.

Confesiones de madurez

…ya no paso frío y soy feliz, mi cuarto da al jardín.
Y aunque a veces me acuerdo de ella, dibujé su cara en la pared.
Solamente muero los domingos, y los lunes ya me siento bien.
Charly García

Con los años 80, los músicos van y vienen: éxodo a Europa, Estados Unidos y Brasil; los nuevos grupos y los viejos artistas se consolidan mientras los milicos hacen de las suyas. Seru Giran —con Pedro Aznar, David Lebon y Charly García— inyecta a la nueva generación la lucidez de una música acabadamente poderosa; en un concierto ante cincuenta mil personas, Charly define al grupo como "una utopía, un lugar sin SIDA, violencia o injusticia". Simultáneamente, otros artistas como Fito Páez y Miguel Mateos renuevan la creatividad de sus predecesores maestros con atrevidos conceptos musicales; se integran a ellos y confiesan que aprenden a vivir el *rock* "visceralmente".

Llega la democracia y se instala el *rock-pop*. Gustavo Cerati funda Soda Stereo, una de las grandes bandas del período 1980-1990. Preocupados por la estética visual, graban incesantemente acumulando la mayor experiencia en giras internacionales conocida hasta la fecha por ningún grupo argentino. Esta es una música que Cerati separa de las anteriores: "no soy un poeta, no escribo, vuelco imágenes en música".

Soda Stereo se convierte en el gran padrino de jóvenes agrupaciones: Los brujos, Martes Menta, Los Babasónicos, quienes exploran con el *rap* creaciones que renuncian a las tradiciones musicales anteriores. Los Enanitos Verdes también asimilan el *pop* dentro de su trabajo; otros, como Los Ratones Paranoicos, se rebelan y retornan a modelos anglosajones estilo Rolling Stones.

Los más recientes

...en vez de estar revisando el rock, rescatan lo que el anterior despreció, esa es una característica de los actuales.
Daniel Melero

Los primeros años posteriores a 2000 fueron testigos de una involución del *rock* argentino. Grupos como Los Redondos, Animales, Bersuit, Los Caballeros de la Quema, Illya Kuryaki, incorporan poco a su desarrollo a pesar de que, paralelamente, continúan las propuestas rejuvenecidas de pasadas generaciones: en *Orozco*, *rap* y *rock* van de la mano de Gieco; en *Enemigos íntimos*, Joaquín Sabina y Fito Páez se pelean con el *delirium tremens* de Buenos Aires; Pedro Aznar abandona a Pat Metheny, en fin... los maestros lideran a pesar de los años. El reencuentro de Seru Giran y el éxito de convocatoria de Fito Páez a mediados de la década de 1990, sugieren un vacío artístico que la nueva generación de músicos no acababa de llenar.

A mi parecer, el fenómeno de más importancia en este período es el menos reconocido: la aparición de Las Viudas e Hijas del Rock 'n Roll, primera y única banda argentina conformada por mujeres. Tras una breve participación en Rouge, María Gabriela Epumer las encabeza enfrentada a un mercado evidentemente prejuiciado. Con poco reconocimiento de la crítica tradicional, el proyecto crece hasta que Epumer decide integrarse a las filas del maestro Charly García como guitarrista principal. Su corta carrera termina trágicamente a los 39 años de edad.

Características del *rock* argentino

Musicales. La perenne aparición y desaparición de bandas, y el frecuente intercambio entre los músicos, inyecta nuevos conceptos al *rock* argentino, generación tras generación. La experimentación con el *pop*, tango, el folclore, los *blues* o el *rap*, añadido al antecedente jazzístico de gran parte de los pioneros, promueve la constante renovación de este género. Los teclados y la acústica son ejemplos representativos donde ocurren un apareamiento y una métrica casi perfecta entre sonido y texto.

Creativas. La independencia creativa del *rock* argentino es indiscutible; en cada una de sus etapas observamos más diferencias que similitudes, con respecto a lo que en el resto del mundo musical se daba. Luis Alberto Spinetta lo describe al trazar "una diferencia entre los que cantan lo que la gente piensa o siente, como Sui Generis, y los que como él, ofrecen los instrumentos creando un lenguaje que el público deberá buscar". En lo visual y escénico, los rockeros argentinos de todas las épocas se han esmerado en la estética del espectáculo, ya sea en conciertos o en los cientos de *videoclips* que desde los años 60 han invadido el televisor.

Políticas. Desde sus inicios, este *rock* fue reflejo fiel de su entorno, sobreviviendo aún en períodos donde la censura campeaba. *Sólo le pido a Dios* es prohibida por su lírica pacifista y desafiante, pero es luego declarada "tema de interés nacional" por la dictadura militar de Galtieri, justo al estallar la guerra de Las Malvinas. Es en este momento donde precisamente el *rock* gana grandes espacios como resultado de la prohibición por parte de la dictadura de la difusión de música en inglés. Al describir el evidente surrealismo de estos hechos, Gieco dice que "si Fellini viviera en Argentina, fuera sólo un fotógrafo". A pesar de la supuesta disparidad entre la canción social y el *rock* y de la brecha generacional entre sus representantes, ambos se abrazan en una peculiar simbiosis: Mercedes Sosa inmortaliza a Fito Páez, interpretando textos nacidos por y desde el *rock*:

…hablo de países y de esperanza,
hablo por la vida, hablo por la nada,
hablo de cambiar ésta, nuestra casa,
cambiarla por cambiar nomás.
¿Quién dijo que todo está perdido?,
yo vengo a ofrecer mi corazón".

Rock en Argentina, México y España visto desde aquí y allá: Breve conversación con Luis Jahn y León Gieco.

A Luis lo encontramos en todos los eventos de Chicago, guitarreando silbidos con sabor a *bife*. Al Gieco lo conseguimos de vacaciones por Rosario, en pleno verano austral. Ambos artistas, distancias, estilos y generación aparte, son hilo conector con las siguientes preguntas:

—¿Cuál es, a tu parecer, el origen y el porqué del *rock* en español?

Gieco: Es fundamentalmente la necesidad de identificación con Los Beatles y Rolling Stones. Así surgen los pioneros: Los Gatos, Manal, Almendra, Arco Iris, Vox Dei... con un tinte musical folclórico y tanguero.

Luis: Antes que nada, quiero decirte que yo no me siento representante del *rock* argentino en Chicago, pero sí siento una conexión entre el de allá y el de aquí. El *rock* en español en Estados Unidos, más que un concepto musical, es uno de *marketing* y encasillamiento. Es una música que no tiene identidad propia y que existe como resultado de la capacidad adquisitiva del latino en este país.

—**¿Ves alguna relación entre el *rock* en español de México, Argentina, España y Estados Unidos?**

Gieco: Aquelarre fue un grupo muy importante en Argentina y que hizo muchas giras; ellos cuentan que en España había muy poco *rock* en español. Un icono del *rock* nacional, Moris, y Gustavo Montesano, ambos en los años setenta, y el grupo Los Rodríguez compuesto por españoles y argentinos como Ariel Roth y Andrés Calamaro, tuvieron algún éxito en España. Argentina supo recibir a grupos españoles como El último de la fila y Barón Rojo, pero así como en España el *rock* argentino no tiene mucho éxito, en Argentina el *rock* español tampoco lo tiene.

Luis: Estoy de acuerdo con esos tres polos que planteas, cada uno tiene sus peculiaridades. El *rock* argentino está tal vez más influenciado por el folclor, el de México por el *rock* puro y habla mucho el idioma de la cotidianidad; el de España es más poético. Hay dos generaciones de rockeros argentinos en Estados Unidos: los que crecieron allí, que incorporan influencias de la música local, y los que como yo, llegamos creciditos y buscamos más lo folclórico. Indudablemente que Soda Stereo y Miguel Mateos influenciaron a grupos como Jaguares que a su vez han influenciado a bandas locales como La Querida de Cortez. Desgraciadamente los locales no tienen identidad musical propia. No han sido ni siquiera marcados por los *blues* estilo Chicago.

Los rasgos esenciales que caracterizan el poderoso *rock* argentino quizás yacen en el significado de la frase de Fito Páez que concluye el video-documental *30 Años Rock Nacional*: "El *rock* ha servido para que lo más importante de la condición humana, su expresión, siga aún viva".

La bachata:
blues y bolero
entre isla y continente

La tradición musical latinoamericana arrastra una trayectoria de características firmemente establecidas pero con una tendencia a la incorporación de otros ritmos sin perder su raíz de origen. La bachata es sin dudas el género musical latino más joven y quizás el más popular dentro y fuera de su tierra natal, la República Dominicana. Es un ritmo que, más que ningún otro, ha destruido estereotipos envueltos en una intensa dinámica que afectó tanto a creadores como a seguidores. La evolución de la bachata va a la par con la historia dominicana contemporánea: marginalización económica de las grandes poblaciones rurales, migración local y foránea y un afán de definir la identidad de un pueblo que se busca a ambos lados del océano.

Los **orígenes** de dicho ritmo provienen de la tradición americana de la música de cuerdas: la guitarra romántica —madre del bolero—, la ranchera, la plena, el son, la guaracha, el pasillo o el vals campesino, por sólo mencionar algunos. El reconocido antropólogo Marcio Veloz Maggiolo afirma que la bachata nunca fue un género sino una forma de fiesta popular donde la música aparece como acompañamiento a la fiesta misma. Los africanismos *cumbancha* y *cumbachata* (derivados del *cumbé*) sugieren parranda, jolgorio, encuentro ruidoso y caótico improvisado y espontáneo: *haciendo bachata*.

Ante la ausencia de una industria radial o de grabación establecidas, la entretención del pasadía campesino en la República Dominicana de la década de 1950 requería la improvisación de una música romántica con tríos o cuartetos acompañados de instrumentos simples: guitarra acústica, percusión con maracas, tambor y bajo de rústico diseño. Desde sus inicios se evidencia la estigmatización de la bachata por parte de las élites y la clase media, quienes la asocian a lo rural y lo vulgar. Son precisamente estas élites, no los *fans* ni los músicos, quienes le dan el nombre con claras intenciones de rechazar lo pobre y lo simple, lo que llegó del campo a la ciudad.

Tras la caída de la dictadura trujillista en 1961, grandes migraciones rurales inundan las urbes dominicanas en búsqueda de trabajos usualmente mal pagados que no garantizaban una forma de subsistencia mínimamente digna. Las vivencias y tradiciones del campo son importadas a barrios periféricos donde la bachata es conocida como música popular, bolero campesino o música de guardias. Son canciones inocentemente románticas y melodramáticas similares a las de María Luisa Landín, Pedro Infante, Los Panchos o Julio Jaramillo.

El campesino recién llegado no logra incorporarse a los ritmos populares predominantes en la ciudad: ni a la balada, el merengue típico (que aunque basado en la cultura rural no se prestaba a expresar el sentimiento de sufrimiento y alienación prevaleciente), ni al merengue de salón orquestado promovido por el dictador Trujillo como intento antiafricano, que tampoco dio cabida al entorno social de esta joven población desplazada. La bachata, al combinar elementos musicales rurales simples, al permitir la libertad de articular cualquier tipo de emoción, añadido a su facilidad de interpretación con apenas una guitarra, de pronto permite la consolidación de una forma musical con mecanismos de difusión y promoción propios.

Para 1964, Luis Segura, presunto padre de la bachata, tipifica la experiencia de sus intérpretes: origen campesino, repertorio autodidacta basado en la guitarra y sobre todo un desarrollo artístico netamente urbano. A través de Radio Guarachita, Segura, junto a Radhamés Aracena, fundador de dicha emisora radial, la promueven a las grandes audiencias contribuyendo a la creación de un rudimentario mercado de grabación.

Durante las décadas de 1970 y 1980, el género adquiere una lírica diferente donde predomina el doble sentido, el desamor y la nostalgia por el amor ido o arrebatado: *el amargue*; historias de machismo y alienación a la mujer, el despecho y el desprecio ahogados en alcohol *con sabor a burdel*. Rasgos estos que reflejan la desintegración de la familia tradicional y la crisis social de las poblaciones desplazadas. Debe anotarse que la bachata de la época sólo se escuchaba en emisoras de radio AM y en horas de madrugada, y que se grababa en discos sencillos de 45 rpm vendidos en los mercados públicos y calles donde eran adquiridos con un cierto velo de vergüenza.

Las características esenciales del género, según la opinión de Deborah Pacini, profesora de la Universidad de Florida, pueden resumirse en musicales (patrón rítmico de instrumentación particular) y extramusicales (el contexto social, lenguaje y estrato social de sus intérpretes y seguidores, además de las peculiaridades de su industria). Estos rasgos se mantienen a pesar de la importante **evolución** que la bachata ha sufrido a partir de 1988 cuando aparece en radio FM y televisión gracias a Luis Segura y Blas Durán. Ambos la sacan del burdel y le incorporan guitarra eléctrica, hecho que atrae a la población joven clase media urbana.

Simultáneamente Luis Días, Sonia Silvestre y Víctor Víctor, destacados músicos estudiados de la época y pioneros de la Nueva canción dominicana, experimentan con la *tecnobachata* y la "rescatan" más allá de las barreras de clase. Víctor Víctor afirma que "lo nuestro fue la culminación de un esfuerzo iniciado hace tiempo que muchas veces explotó y fue impedido por la discriminación social. De la mano de Luis Días con el *tecnoamargue*, empujando a los músicos populares en una lucha donde hubo heridos y muchos que abandonaron el género, finalmente nada impidió el indetenible desarrollo y crecimiento cualitativo y cuantitativo de la bachata".

La **proyección internacional** del ritmo llega a su cúspide tras el lanzamiento de *Bachata Rosa* de Juan Luis Guerra, trabajo que lo coloca en la mira del mundo (incluyendo frente a la industria que lo premia con el *Grammy*). La incorporación de textos poéticos cercanos al bolero, la fusión con el *rock* y *blues* de la *tecnobachata* y del son cubano con Víctor Víctor, son factores decisivos en la consolidación de una *neobachata*: bajo eléctrico y sintetizador, guitarra eléctrica y un *tempo* más acelerado que la hace más bailable. Según opinión de Víctor Víctor, la velocidad con que esta expresión romántica y musical va cambiando es mayor que la vivida por el merengue, el son o el tango: "en apenas cincuenta años se ha transformado sonora y rítmicamente, pero también en la forma de tocarla, a pesar de que aún predomina el desamor como tema. Indiscutiblemente que la bachata tratada por músicos con alto nivel académico y arreglada por la vanguardia musical dominicana le dio un sendero internacional;

dada la fuerza con que se desplaza no nos sorprendería escucharla un día en formatos orquestales".

La bachata salida de New York aún sabe a dominicana, sin embargo ha evolucionado al incorporar otros ritmos y presentar una imagen más acorde con el *mainstream*. Aventura, probablemente la banda más popular en Estados Unidos, sigue un modelo cercano al *Rythm and Blues*: toca en lugares más caros y se viste a lo *Hip Hop*, reflejando una cultura más acorde con el lugar donde nacieron sus miembros; contrario a los bachateros tradicionales, quienes tuvieron limitaciones económicas, de idioma y migración, los nuevos radicados en Estados Unidos han penetrado el mercado más fácilmente, abriéndole de esta forma el camino a muchos y a la vez llamando la atención de la industria musical de dicho país.

Monchy y Alexandra es otra agrupación, conocida por incorporar el vallenato a sus piezas y que mantuvo posiciones altas en el *Billboard* estadounidense. Son líderes entre la población mexicana y centroamericana de Texas (la estación de radio KOVE-FM en Houston les tocó el éxito *Hoja en blanco* unas 468 veces en tan sólo seis meses); se presentaron en el Madison Square Garden y llegaron a convertirse en la agrupación número trece en Colombia, país donde la bachata era casi desconocida, razones todas por las que el diario *The New York Times* les reseñó ampliamente. Andy Andy cuenta con una irrefutable popularidad sobre todo entre los recién llegados (el entonces Gobernador de New York George Pataki les invitó hace unos años a participar en las celebraciones oficiales del mes de la herencia dominicana).

Las bachatas newyorkinas están teñidas de sabor urbano y reflejan la experiencia de la diáspora: son puente entre culturas divididas y espejo de los dominicanos nacidos en el norte. Este hecho se evidencia en la versión bachata del clásico de Roberta Flack *Killing Me Softly* donde las letras a tono de *rap* simbolizan el horizonte y evolución de la música latina en Estados Unidos. Esta "extranjerización" de la bachata planteada por algunos es refutada por Víctor Víctor: "...no creo que se pueda hablar de extranjerización del ritmo. La bachata hecha por dominicanos residentes en New York incorpora tecnología y formas originadas en aquella comunidad; así como el sancocho de Washington Heights lleva plátanos filipinos y no dominicanos, sigue siendo sancocho. De igual modo la bachata del Bronx navega sobre el ritmo madre y nos trae nuevos sonidos y formas generadas por las propuestas visuales y vivenciales de la comunidad; en consecuencia, su baile adquiere nuevas formas pero sigue atada al tronco".

Tras décadas de ser co-responsable del rescate de la bachata, Víctor Víctor, para la celebración de sus 35 años de carrera musical, lanzó un audaz proyecto que podría considerase como *Bachata de cantautores*. El trabajo vino respaldado por la riqueza musical de artistas pioneros del género acompañados de las voces de los maestros Joan Manuel Serrat, Joaquín Sabina, Silvio Rodríguez, Víctor Manuel, Pedro Guerra, Fito Páez y Carlos Varela, por sólo mencionar algunos.

En el ensayo *Bachata, a Social History of a Dominican Popular Music* (Temple University Press, 1995) Deborah Pacini indica que, dado el origen musical y social de la bachata y sus similitudes con otros ritmos marginalizados, es necesario investigar la relación entre estatus socioeconómico, medioambiente y música. Pacini sugiere que las condiciones que dieron origen a este género aún prevalecen inclusive en Estados Unidos (donde la privación económica, el deterioro del medio ambiente y su relación con las prácticas musicales ha sido evidenciada en otros ritmos como el *rap*). La autora nos invita a estudiar el posible impacto que dichos asuntos pueden ejercer sobre los ritmos y sus funciones estéticas y sociales: bailar, alegrarnos, olvidar o recordar, desahogarnos, y sobre todo, escuchar nuestras propias voces.

Solo,
el disco de Anthony Ocaña
(y el *Yang* de la guitarra)

La aparición del instrumento precursor de la guitarra, la *lira,* prima de la cítara, data del año 1400 a.C. y la versión más cercana a la guitarra moderna fue probablemente introducida en España por los romanos en el siglo VIII a.C como la *cithar o tanbur.* Otros la consideran descendiente de la *ud,* traída por los árabes a la península Ibérica tras su ocupación en el siglo VIII. Al igual que todos los instrumentos de cuerda, la guitarra evolucionó a través de los tiempos no sólo en su diseño sino sobre todo en su aplicación musical: en las cortes y en las ceremonias religiosas, en la música popular y festiva y en el salón de orquesta, la guitarra fue y continúa siendo un esencial recurso creativo y de comunicación artística, y para muchos el instrumento musical más diseminado por la faz de la Tierra. De tal forma, hay una dicotomía fundamental en la guitarra presente desde sus orígenes al ella debatirse entre representar lo "clásico" y lo "popular", lo formal y lo espontáneo, lo "puro" y lo "creado". Y es esta "danza" justamente lo que define el trabajo del joven compositor Anthony Ocaña: la unión libre entre la música clásica y la popular: ...*mundos que cada uno con su pulso, han convivido como energías opuestas y complementarias* ...en sus propias palabras.

Anthony Ocaña nació en 1980 y descubrió las cuerdas a los doce años de edad en su país natal, la República Dominicana, donde completó estudios en el Conservatorio Nacional de Música; posteriormente estudió en el Manhattanville College de New York, destacándose en composición, por lo que es reconocido con el premio Sr. Josephine Morgan Award. Desde 2001 radica en España, tierra de sus ancestros, donde ha expandido su universo musical bajo la guía, entre otros, del maestro Leo Brauer, hasta hace poco Director Titular de la Orquesta de Córdoba.

La discografía de Ocaña incluye dos títulos previos: *A paso de cebra* (2001) y *Anthony Ocaña* (2006) trabajo éste que nos regaló la participación de los destacados músicos dominicanos Guarionex Aquino, Isidro Bobadilla y Maridalia Hernández. Varios hechos sugieren que la obra de Ocaña se toma en serio desde hace un tiempo: el reconocimiento recibido con el Premio Francisco Tárrega en España, su presentación en el prestigioso Palacio Foz de Lisboa, en un concierto transmitido a través de la Radio Nacional de Portugal, y luego, su selección como participante en los Circuitos de Música INJUVE 2008 (Instituto Nacional de la Juventud de España) en conciertos que llevaron su trabajo a través de la geografía de dicho país.

Solo es el tercer disco de Anthony Ocaña e incluye nueve piezas elaboradas con el más fino detalle, notas que en opinión de algún crítico, esconden en el rasguño de los dedos del intérprete sobre el instrumento sus más íntimas emociones. Tanto en *Poema a Ícaro* como en *Voyage* encontramos tonalidades de corte más clásico mezcladas con trazos francamente líricos y espontáneamente organizados. En *Flamboyán* se regresa al pasado, al rastro que ha quedado en nuestras mentes de los colores que el paisaje cibaeño convirtió alguna vez en bandera verde y mamey; se trata de una composición cargada del *yesterday* de la melancolía, la mejor amiga de aquel a quien ya su tierra no le es. Y son precisamente *Yesterday* y *Blackbird* (las únicas piezas ajenas), las que definen la antimelancolía en este álbum: un Liverpool lejano y un Nisibón distante, ambas, sagas de las experiencias que el Caribe, EEUU y Europa han sabido plasmar en el lirismo de este joven compositor.

En su estado más puro...

¿Es posible hacer música "pura" sin que su misma construcción y engranaje arrastre consigo la libertad de la creación? ¿Sin que el artista pierda la intención creativa original? En otras palabras: ¿Es la música un lenguaje y es éste pertenencia de su creador? El musicólogo Gustavo Yépez Londoño, en el ensayo *Acerca de la libertad artística y la emancipación estética en la composición musical de hoy*, hace referencia a Levi-Strauss cuando afirma que "...la música (...) reúne los rasgos contradictorios de ser, a un tiempo, inteligible e intraducible" para así (...) defender la libertad del compositor a escoger o crear escalas y elegir o inventar normas..." Ocaña afirma en la solapa de *Solo* que este trabajo es un homenaje a la guitarra, al instrumento que le ha permitido expresar sus composiciones "en su estado más puro". Puras, populares o clásicas, las melodías que viajan a lo largo de los cincuenta y ocho minutos del disco dejan en el oído una sensación de inmensa libertad, una suerte de paz alegre.

No sé si Anthony Ocaña esté en lo cierto ni que tampoco importe; sospecho que estas melodías parecen haberse ido más allá de su propósito original; su "pureza" las ha convertido en piezas de sorprendente frescura con un ritmo capaz de fijar nuestra atención en ese lugar al que la música a veces nos lleva sin querer dejarnos ir. En lo personal, me enorgullece saber que *Solo* es el fruto del esfuerzo y la dedicación de un artista serio y metódico que ha otorgado a su instrumento el respeto merecido. Y como tal, Anthony Ocaña se ha convertido en uno de esos creadores que nos recuerdan que ...*hay un país en el mundo.*

Conversaciones 5

La geografía, digamos, la poética de José Mármol y René Rodríguez Soriano

Dos poetas y un país, mar limítrofe, isla al fin; el agua que toca a José Mármol y a René Rodríguez Soriano es origen y trayecto que desemboca en las interioridades de una misma generación. Mar o río, ella *es* la memoria; y ambos escritores, hijos de una media isla que pare diáspora entre San Petersburgo y Trocadero, trazan ventanas que "llaman a salir antes que a entrar". Los recuerdos, sean ellos el de *un* cuerpo, la niñez, *una* calle o *un* bolero que "destaja corazones en alcohol", son justamente los pasajes que los autores han regalado al lector de *Torrente sanguíneo*, última colección de Mármol (Santo Domingo, 1960), Premio Nacional de Poesía "Salomé Ureña" 2007, y de *Rumor de pez* (UCE, 2009), libro con el que Rodríguez Soriano (Constanza, 1950) logra el Premio de Poesía Universidad Central del Este 2008. Ambos poemarios, náufragos de la desazón, descansan lúdicamente en el cuerpo que, depósito del amor, es pez que nada en el torrente del alma.

El gran médico inglés William Harvey, padre científico de la circulación de la sangre, describió con aguda certeza los vericuetos de las arterias y su tránsito por el cuerpo y el corazón; mas fueron los antiguos helénicos, quienes atribuían a la sangre el rol de ser portadora del espíritu, los que nos inculcaron la necesidad de entender el ser humano a través de sus *humores*. Como tal, y en torrente indetenible, los textos contenidos en el libro del sublime poeta Mármol huelen a espíritu. El agua, por otra parte, en anfibia residencia de realidad-sueño, humedece la letra fresca de Rodríguez Soriano entre "mandarinas esdrújulas, un cántaro ciego y al desgaire río abajo (...) y lágrimas que pueblan de amarillo el poema". Río y mar, sangre y espíritu, ambos autores continúan entregando a su nativa República Dominicana códigos insulares que escapan los confines de la geografía.

La memoria y el olvido

Rodríguez Soriano ha confesado no temerle a la memoria porque "...no se puede escribir al borde del abismo si uno no se ha lanzado aún y no conoce, a profundidad, el vértigo (...) de caer hacia el olvido"; en evocación al poeta Enriquillo Sánchez, quien en el epígrafe introito de "Sed de pez" sentencia "Tu seno izquierdo navega hacia el olvido", Rodríguez Soriano regala poemas contentivos de angustias *como puente con vigas rotas* y de silencios marcados por el reloj del tiempo. Así, le cuestiono a René por qué insistir en la memoria, y la justifica "para no salir jamás de la inocencia, lavarme del tedio y mensura catastral. Poco menos que una pedrada en el alma es el poema, su profundidad no salva a nadie si no se unta de sed o deseo de vivir".

Mármol, a su vez, trasladado a la infancia, rescata el recuerdo de Simón, pulpero del pueblo que le vio crecer, cuyo arresto en plena Revolución de abril marcó la crueldad de la palabra guerra en su inocente corazón de cinco años. La visión de "la brisa reposada sobre los platanales y el aroma de las ubres" es también origen, y no en balde Mármol, conocedor de los arúspices, preconiza que "el futuro es una lenta procesión de días pasados". Él, que escribe desde el lenguaje y hacia la memoria, hace de *Torrente sanguíneo* una verdadera fiesta de la cotidianidad y del presente: "fuente nutricia de la memoria; (...) la escritura es, a mi ver, una potenciación creativa del acto de recordar (...), la fábrica de las imágenes oníricas, de los tiempos condensados del poema, de las atmósferas dilatadas del lenguaje narrativo".

El mar, que no tiene memoria, alcanza la dimensión de lo insondable

René Rodríguez Soriano, que "nunca se ha imaginado lo que el mar es en sus textos", confiesa un temor a éste, al respeto que parecido al espanto, "alcanza la dimensión de lo insondable". Montañés al fin y al cabo, abraza el agua, "...vida y luz, fuente desde donde proviene y hacia donde todo va...". Al arribar a "Torrente", tercer poema de *Rumor de Pez*, Rodríguez Soriano advierte "...que no se repiten ni el río ni el fuego, sólo la voz, caudal de arroyo y madrugadas, (...) en torrente que desenvaina la espuma, los sueños y la calma; *agua pura* —que como bien dice José Emilio Pacheco— *jamás podrá saciar la sed humana*".

El mar de Mármol, por otra parte, es un mar que está *desmemoriado*; le repiten las olas, *leimotiv* de la ilusión; es un universo simultáneamente catarsis y refugio, como en "Mar del sur": "(...) En tu agitar estriado mar del sur, mi religión, tus abluciones limpian frustraciones y miedos". El mar de

Mármol, para nuestra suerte, sigue siendo "una hermosa catedral rezando muda". Y no hay sorpresa, porque él es su más grande metáfora de la vida, "y por supuesto, de su otredad, la muerte". Al igual que Rodríguez Soriano, Mármol respeta la metáfora rabiosa de la muerte que es el mar, "símbolo de las fuerzas descomunales de la naturaleza"; aquellas que Poseidón burlaba a saltos desde Samotracia hasta las islas del Egeo. El mar es de tal forma "(...) un muerto gigantesco sostenido contra el cielo por el sordo sollozo de los ahogados".

Cuerpo

José Mármol enaltece el cuerpo mientras, cartógrafo en mano, advierte sobre sus peligros: "En el centro no de las ingles diagonales. Allí, la desmesura donde habita tu sexo. (...) En el centro no, de los pechos macerados. (...) En el odio no. Tampoco en el amor". Es decir, el cuerpo invita al respeto por aquel lugar morada del corazón y a su vez a la gesta de la aventura erótica en una lúdica conversación que no permite vacilaciones. El cuerpo de Mármol es también mar y sufrimiento: "pescadores y hembras que vuelven a su orilla con las barcas vacías": "El mar, acezante como un corcel de estruendo, se comba en su sábana de trepidante sed. En todas las edades el dolor ha sido igual".

Ya hemos dicho que la epistemología del cuerpo premoderno parte del Renacimiento, época en que Da Vinci, en la célebre obra *El hombre de Vitrubio*, instala el cuerpo ser-humano en pleno centro del universo a través de la demarcación de la "proporción áurea". No ha de sorprender por lo tanto que en nuestro diálogo sobre el cuerpo, *el cuerpo lúdico*, Mármol se traslade a Spinoza, Bentham, Platón y Foucault, para terminar concediéndome la razón: "...en la perspectiva crítica de Huizinga (el cuerpo) es el lugar donde se hace posible el espíritu lúdico, inventivo, gozozo, *poiético* y ocioso del hombre. Es acertada tu percepción del cuerpo como *depósito*; tal vez no sólo del amor, sino también del odio".

Para Rodríguez Soriano, el cuerpo es "el animal que nos aniquila y nos redime a la vez" (curiosa referencia mística de un escritor que admite que "...entre sus piernas no se escribe ...allí se describen los decibeles de tu grito"). El cuerpo de René es fe cuando permite prolongar el pensamiento; y es además territorio de los sentidos: "...espejo en que me miro, trasvestido, en mi espera; (...) Bestiario que conservo intacto en mis pupilas; (...) telar que se deshila en la acuarela de mis uñas". El poeta es, de tal forma, trasgresor del tacto, la mirada o el paladar, verdadero espejo hecho violador del cuerpo. Ante la incertidumbre del tiempo o la aventura de perderse en el poema, Rodríguez Soriano invita a ese cuerporefugio a "...poner orden a esta hora, poner la vida en cada punto (sobre la mesa quedan rastros de tus formas), sobre la mesa llena del vacío que dejaron nuestros cuerpos (yo casi tú adentro de ti)...".

Fronteras

Le pregunto a ambos amigos si la rotura de la construcción del poema, la "impureza" de mezclar en él la prosa, ¿es el desenfreno de lo poético que inevitablemente se abalanza hacia todas las formas de la literatura, o es ella la intención del poeta? El uno, René, enuncia que "las fronteras son de tiza, se borran con el dedo cuando piensa y escribe. Hasta que me salga espuma, continúo escribiendo como el escritor degenerado que ¿los demás? sin proponérselo han inventado". El otro, José Mármol, cuenta convencido "que el desafío cuando prosas el verso o versas la prosa, está en trasgredir afirmativamente los diques convencionales de la separación

tajante entre una y otra formas de expresión imaginativa".
Mas dejemos a Vallejo por un momento, porque evidentemente se trata del tercer milenio y aguardan las fronteras.

(Confesiones de autor)

"Pones en entredicho muchos versos", de Rodríguez
Soriano, y "Nunca" de José Mármol, a mi parecer poemas
imperecederos, son los *daguerrotipos* de estos textos acuáticos.
En una danza a paso de corazón y cuerpo, el primer autor
cuenta que tiene "...un dolor muy agrio en un paraje cercano
de las lágrimas", y no le culpo; él es un certero conocedor
del destino del *angor*, el dolor del corazón, vecindario de
ciertas geografías...: "para saberte a ti sin desperdicios, no
hay que esperar a que des la vuelta; no hay que acudir ni a
braille ni al botánico, sólo apagar la luz y desnudarte". A su
vez, Mármol dibuja con certeza el desasosiego que Pessoa
asumía como razón; el asombro ante la ira, el destino del
amor que nunca fue y el mismo miedo del amor: "No estaba en mis azares adorar un torbellino. (...) No supe adivinar
la inminencia del desastre, la fuerza y el ardor de lo bello
hecho un demonio. No estaba en mi designio amaestrar fu-
rias de amor".

A través de los muchos textos que forman estos poemarios ambos autores, de una u otra forma han sido presa
del llamado "tedio" que desgarra el espíritu del ser posmoderno (Mármol); los acontecimientos que durante el lustro y
medio posterior al *fin de siécle* han corroborado la victoria del
mercado —ese *tótem* sin otra religión que él mismo— per-
mean a flor de piel en la narrativa poética. Y es de tal forma
que el lector deberá asumir el agua y su humedad: más allá
de la obvia consecuencia física, quizás como símbolo volátil
del alma sedienta de respuestas. Y deberá además asumir no

sólo el cuerpo ser-humano epicentro existencial, sino también la memoria, último antídoto contra el tedio.

Consciente de todo lo ya dicho aquí, el reconocido escritor dominicano Pedro Conde Sturla ha expresado que para un poeta "...lo importante no es congeniar con su apellido sino con su poesía; que hace un tiempo (...) tiene el pálpito, en el sentido cortazariano de la palabra, de que los poetas terminan pareciéndose a su poesía, de la misma manera que la crítica de la poesía debe parecerse al poeta". Ésta, yo confieso, es la más firme esperanza que escondo tras estos párrafos.

León Leiva Gallardo
y *La casa del cementerio:*
¿guerra en tiempos de amor
o radiografía de la maldad?

En sus *Apuntes para un canon de la novela nacional*, el escritor hondureño Mario Gallardo utiliza la frase "Honduras, novela sin novelistas" como alusión a la estética que a su parecer, "salvo significativas excepciones, ha imperado en el quehacer narrativo nacional, donde la calidad literaria se ha visto supeditada, generalmente, a un criterio mimético, autóctono y regional". Utilizando conceptos planteados por Edward Said en el libro *Cultura e imperialismo*, el ensayista analiza la trayectoria histórica de la novela del país centroamericano a partir del siglo XIX donde, según su visión, estuvo signada por la intención de reproducir y destacar —en una suerte de obtuso chovinismo— lo que hacía hondureños a los hondureños, lo que los separaba del resto del continente. Mario Gallardo indica que a partir de la década de 1950 y con la aparición de *Prisión verde*, Ramón Amaya

Amador introduce el realismo social en la novela de dicha nación que continuará a través de los 1980 desembocando en un movimiento inhibidor de la libertad creativa del autor que se rompe con los trabajos de Julio Escoto, Roberto Castillo y Roberto Quesada entre otros, "auténticos murales polifónicos que recrean una Honduras magnífica y terrible". León Leiva Gallardo, en esta novela, logra recrear esa Honduras magnífica y terrible.

La casa del cementerio (Tusquets, 2008)

Narrada en primera persona en un presente mutante y entre episodios alucinantes, el texto se enmarca en el contexto de la Guerra sucia que abate las sociedades centroamericanas durante las décadas de 1970-1990, en particular Guatemala, El Salvador, Honduras y Nicaragua. Hay un aire de terror, espanto, pesar e indiferencia que se mezcla con la solidaridad de los sectores más pobres de tres países limítrofes conjugados en el golfo de Fonseca, testigo de la relación entre Diana e Ismael, artífices de un amor que los unirá y los separará por siempre. Hay un hombre que ha regresado a su pueblo natal a buscarse; víctima de su propia urdimbre, entre las fronteras de la duda y la culpa, este hombre vive *su* maldad. Todo esto mientras los médicos forenses, interesados en el esclarecimiento de los crímenes del régimen, despiertan muertos y reviven cadáveres símbolos de la condición humana, verdadera protagonista de esta historia.

Es justamente lo "magnífico y terrible" de Honduras, a mi juicio, la temática que hace de *La casa del cementerio* un sólido trabajo logrado a base del engranaje histórico y la trampa de la imaginación. Personajes capaces de amar, de tener pasiones y patear pordioseras por puro gusto, de desparecer por cinco años tras el subsuelo paramilitar y regresar de nuevo a la sociedad escurridizamente, son las viñetas a las que recurre León Leiva Gallardo (Honduras, 1962) para lograr la fortaleza narrativa que hace las trescientas páginas de la obra una verdadera radiografía del mal.

Ese oscuro objeto llamado perversidad

"Esta es una novela moral, una intriga casi personal con personajes muy difíciles que me costaron mucho lograr, desplegarles su tela como una cebolla, pero que persiguen demostrar que el ser humano no es absoluto, más bien es una gama". Son las palabras que el autor escoge como casi escuchándose a sí mismo una fría noche invernal entre las paredes de su apartamento de Chicago, urbe donde reside desde los 14 años. "Te confieso que a mí me dio pena escribir ese pasaje donde Ismael patea la pordiosera, hasta me he preguntado ¿cómo puedo escribir eso yo? Creo por ello que al fin y al cabo Ismael no tiene conciencia". Yo definiría a Ismael como "ese oscuro objeto llamado perversidad", respondo.

Los personajes femeninos y la feminidad, simbolizada en un erotismo poderoso y en la menstruación adolescente, parecerían ser los más elaborados, es decir, en los que se ha logrado la mayor fortaleza metafórica y al mismo tiempo concreta; **Diana, "el amor en tiempos de guerra", ¿es acaso el amor ideal?** le cuestiono a Leiva Gallardo: "Me enamoré de Diana desde el primer día que la escribí, y como no tenía pensado que iba a morir, esa noche me desmoroné. Hilda es la guerrera, mas Diana es la mujer emprendedora, la mujer ideal, pero no sumisa; tal carácter no está presente en ninguna de mis mujeres. Te cuento que las mejores entrevistas que di en México presentando el libro fueron las de mujeres, estaban encantadas".

Más allá del bien y el mal

En la construcción de la novela Leiva Gallardo parte de dos grandes ámbitos: el político, es decir la realidad, y de los personajes, lo humano de la historia; y aunque ambos aspectos se nutren mutuamente están a la merced del autor: él los envilece o los engrandece, y más aún, los enrostra. **Pregunto sobre la formalidad del proceso creativo...** "Los personajes de Dostoievski en *Crimen y castigo* están al borde del bien y el mal, en mi novela por igual: Ismael va más allá del bien y del mal, él tiene un lado oscuro y es ahí donde yo puyo. Así mismo, te diré que *La casa del cementerio* tiene todos los elementos de la novela confesión. Como tal, los cinco años de ausencia de Ismael son un préstamo a *Cumbres borrascosas* (Emily Brontë): tal como ignoramos de dónde llega Heathcliff y dónde está cuando desaparece, yo presento a ese Ismael desaparecido que regresa "convertido", y yo no quise contar cómo ese hombre había cambiado. Quise además escribir un texto que tuviese ese otro elemento que supuestamente lo hace una novela completa: la trama. Una trama que está presente a pesar de que ella sea de alguna forma una novela psicológica, y no la escribí pensando que iba a terminar así".

El *valeverguismo* y Honduras desde Norteamérica

"Si Latinoamérica era el continente del mañana y Centroamérica era la región del pasado mañana, entonces Honduras era el país del nunca jamás. Ésa era la mentalidad derrotista que ocupaba ese invisible pero minado solar que queda entre la conciencia y la sociedad. El individuo ni siquiera exploraba el solar. El individuo ni siquiera conocía lo que era sociedad. Había algo que se lo impedía. ¡Cómo, si no existía ni siquiera el principio realidad! Nuestro país era el reducto *ad absurdum*. La única manera de que el Estado sobreviviera era a expensas de la dignidad de la persona derrotada".

Me pregunto cómo se leerá *La casa del cementerio* en tu país, es decir, qué siente el hondureño de tu generación ante un autor crecido y emigrado en plena guerra pero que escribe desde el Norte, ¿qué piensan de la parte histórica o política de la novela?

"La gente de mi generación, si el lector es conservador, va a estar en desacuerdo con esa parcialidad que parece haber con los sandinistas; pero en cuanto a lo histórico lo van a conocer muy bien porque lo vivieron en carne viva. Es igual a lo sucedido con el escritor centroamericano quien se ha apartado un poco de la política pero no de la historia". (Es evidente que el tema le preocupa a Leiva Gallardo, me ha preguntado dos veces si a mi parecer su novela es "muy política").

Es notable el dominio del español mostrado por el autor sobre todo si se tiene en cuenta que su formación periadolescente ocurre en la ciudad de Chicago; Leiva Gallardo, quien no es novicio para Tusquets editores (publicó *Guadalajara de noche* en 2007), dice haber rechazado el ser "latino" en Estados Unidos y preferir el ser hondureño, quizás por tal razón escupe párrafos que huelen a su país: "Cuando un militar se encuentra con un civil, la lengua se le mueve entre los dientes al pronunciar: "cerdo". Cuando un civil se encuentra con un militar la conciencia se le mueve entre las entrañas y piensa: "chafa". Un chafa es un soldado. Si el chafa es penco se le puede decir chafarote y si es joven, chafita. Si el chafa es bueno, uno dice: "no parece chafa". Los chafas y los cerdos, según Chelío y yo, se peleaban por las mujeres. Pero los chafas salían ganando porque los cerdos no teníamos botas ni cantimploras".

'Lo que vive Ismael y Chelío, respetando sus respectivas clases sociales, es muy típico hondureño: el lumpen, pobre por definición, que no tiene dónde ir pero que tiene que vivir, y al igual el clase media. Creo que soy uno de los pocos escritores que ha hecho una definición un poco más realista de lo que es un hondureño típico".

Alucinaciones

Leiva Gallardo detalla la madeja del texto en un lenguaje que viaja desde una lograda prosa en primera voz, metáforas incluidas —hecho que no sorprende dada su incursión en la poesía— hasta la utilización de instrumentos técnicos (forenses y legales) que sin ornamentación ni barroquismos enriquecen los párrafos. Mas entre todos los recursos de su imaginación y pluma, a mi parecer, los relatos alucinantes dispersos a través del texto son los más cargados de intensidad y simbolismo. En ocasiones éstos hacen referencia a una *contadora*, la vieja del cementerio: "Hay luz en la casa del cementerio. Hay una mujer sin tetas en la casa del cementerio. La luz es un candil en la casa de la mujer sin tetas del cementerio. La mujer está sola y le duele la ausencia que se pudre en una bolsa plástica enterrada en el hoyo de los órganos inservibles del cementerio: desnudas las tetas en una bolsa plástica junto a otra llena de tripas de gato de tejado herido. Hay otra luz que deambula en el cementerio. Hay un hombre sin cabeza en la penumbra del cementerio. La luz es un foco de mano en la penumbra del hombre del cementerio. El hombre va solo y le duele la cabeza que se adentra en el útero de su madre enterrada hace muchos años en el hoyo de las madres inservibles del cementerio de un pueblo cualquiera".

¿Un acto de contrición?

El presidente hondureño Manuel Zelaya anunció la reapertura de juicios por desapariciones y crímenes políticos ocurridos a manos de fuerzas de seguridad en la década de 1980; "tendremos que reabrir esos juicios, no para que sangren las heridas, sino para concertar espacios de paz, que se castiguen realmente a los que ultrajaron los derechos humanos en este país", afirmaba el mandatario. En el último capítulo de *La casa del cementerio* la voz narrativa confiesa lo que parecería ser un acto de contrición de Ismael, el enfermizo personaje que desnuda lo inmundo del ser humano y lo real de sus sentimientos. Le pregunto a Leiva Gallardo si acaso se sugiere aquí el arrepentimiento, y enfáticamente responde que como "dios" de esta novela, no lo tiene resuelto ni él mismo; y lo deja así para que lo concluya el lector.

La *canción de gesta*
de Ernesto Cardenal

...mientras la larga noche de la infamia
se pierde en el desprecio del olvido.
Julio Cortázar

Nicaragua, vio crecer a grandes escritores al tiempo que vivía intensos procesos históricos a la mano de la dictadura somocista. Granada, la más antigua ciudad nicaragüense, cuna de poetas de la talla de Joaquín Pasos y José Coronel Urtecho, es también lugar de nacimiento de Ernesto Cardenal Martínez, solemne voz de la literatura latinoamericana y universal. Activista cultural —que reniega ser político—, poeta, escultor, pintor, y por supuesto religioso cuestionador bajo la guía de la Teología de la liberación, Cardenal representa a sus 84 años, al momento de realizarse esta entrevista, la legendaria figura de quien lo ha vivido todo. Su obra literaria se acerca a las trescientas ediciones en más de veinte idiomas, un legado solamente equiparable a la dimensión de sus sueños. Con motivo de su visita a Chicago en 2009, el candidato al Nobel de 2005 ha intercambiado ideas en un intento de abarcar su universo: el histórico, el literario y el religioso. Veamos.

—¿Qué de Solentiname hoy?

—Esa comunidad dejó de existir hace más de 30 años cuando se volcó a la lucha armada. Cuando triunfó la Revolución teníamos otras cosas más importantes que hacer en ella y no volvimos a juntarnos. ¿Qué es Solentiname hoy? Siempre un lugar de campesinos y pescadores. Y también un lugar famoso por esa pequeñita comunidad que hubo. Y también un lugar de paisajes muy bellos. Y yo lo visito mucho.

—Desde aquella humillación a que el Papa Juan Pablo II le sometió en el aeropuerto César Augusto Sandino en pleno 1979, ¿qué ha sido del Vaticano? ¿Le persiguen a usted los Papas? Es precisamente uno de los más cercanos asesores del fenecido Wojtyla, Joseph Ratzinger, el Papa que hoy perdona a los que niegan el Holocausto. ¿Ha "perdonado" la Santa Sede a la Teología de la liberación?

—En cuanto a mí, yo sigo siendo un sacerdote católico, aunque con una sanción del Vaticano desde el Papa anterior, que se llama "Suspensión", y que es la prohibición de administrar sacramentos. En cuanto a la Teología de la liberación, ésta sigue siendo perseguida por Roma. Teología de la liberación es lo mismo que Teología de la revolución, pues la revolución es la liberación de los pobres. Y el Vaticano, siempre en alianza con los poderosos, está en contra de toda revolución. El actual Papa apoyó y asesoró toda la política del anterior que hizo a la Iglesia Católica retroceder siglos, y me parece que será tan malo como Wojtyla y tal vez peor.

—En el documental *Solentiname*, el destacado director mexicano Modesto López narra la trayectoria

personal del héroe: Cardenal y sus primeros amores y los siguientes naturales desamores; la contemplación, y sus *experiencias evangelizadoras* en aquél archipiélago —lugar de codornices—. A propósito de la edición del *26vo. Chicago Latino Film Festival*, ¿podría contarnos sus impresiones sobre tal proyecto fílmico, ese *flashback* de medio siglo?

—Cuando se me pregunta por la experiencia de Solentiname siempre he dicho que fue una experiencia modesta, de una comunidad muy pequeña, una pequeña comuna, y que se ha exagerado su importancia y aun se ha mitificado. Pero después que vi esta película me impresioné mucho; pensé que en algún sentido aquello que se hizo en Solentiname tuvo importancia (no por mí solamente sino también y sobre todo por aquellos que colaboraron conmigo) y que por algo fue que Dios puso aquellas islas en mi camino, me hizo por así tropezar con ellas, para que realizaran ciertas obras que yo no había intentado realizar. Fue como por milagro que surgieron la pintura popular y la artesanía que se han hecho famosas, los comentarios al Evangelio a la luz del marxismo y la Teología de la liberación, publicados en muchos idiomas y muchos países, la poesía campesina también traducida, y finalmente la acción heroica de muchachos (y también muchachas) que tomaron las armas por la Revolución y algunos fueron mártires de ella. Mi idea al llegar allí había sido sólo la de concentrar un lugar para vivir una vida contemplativa en comunidad con unos pocos más… y nunca imaginé que se realizaría todo aquello que allí pasó.

Dos conversiones

Tras estudiar literatura, el joven Cardenal participó en "la revolución de abril" contra Anastasio Somoza García, acaecida en Nicaragua en 1954; tiempo después ingresa al monasterio de Our Lady of Gethsemani en Kentucky, Estados Unidos, y se traslada a Cuernavaca, siendo finalmente ordenado sacerdote en Managua en 1965. Durante las turbulentas décadas de 1960 y 1970, conjugó el arte, la poesía y el evangelio en una "reflexión crítica sobre la práctica a la luz de la palabra de Dios"; justamente la definición que en 1968 el sacerdote peruano Gustavo Gutiérrez otorgó al naciente movimiento de la Teología de la liberación. Cardenal es el hombre cuya arma más certera ha sido la esperanza y la poesía, y en palabras suyas, "el testigo de dos conversiones: la poesía me llevó a una primera: la del encuentro con Dios. Después, a lo que he llamado una segunda conversión, cuando encontré a la revolución".

—**Usted dijo que la sandinista fue la única revolución de la historia que superó la contradicción entre marxismo y cristianismo; entendiendo que *...la canción de gesta fue un periódico que se llevó el viento...* ¿qué le aguarda a un poeta que creció entre revoluciones que ya no existen?**

—La revolución de Nicaragua ya no existe, pero sigue existiendo la de Cuba que es una auténtica revolución y es apoyada por el pueblo, como también existe la auténtica revolución bolivariana de Venezuela, que es el retomar el sueño de Bolívar de unificar a toda la América Latina para construir un solo bloque y contraponerlo al Norte. De la misma manera el presidente Correa del Ecuador es otro que se ha independizado totalmente de los Estados Unidos y se ha declarado socialista (y es alguien que según me dijo leyó mucho de joven el *Evangelio en Solentiname*). También otra independencia y otra revolución está habiendo en Bolivia, donde además se dio el milagro de que en el país donde el indio ha sido más despreciado, un indio sea presidente. Y también me parece que es otro acontecimiento revolucionario y otro milagro el que en Paraguay, por muchos años sometido, sea ahora presidente un sacerdote y obispo de la Teología de la liberación (también lector hace años del *Evangelio en Solentiname*). Y puesto que hablamos de milagros, por qué no mencionar otro milagro como es el de un negro en la Casa Blanca donde según acabo de leer, entre todos los cuadros allí colgados no había uno solo que representara un rostro afroamericano. No me siento pues frustrado sin revoluciones, y le doy gracias a Dios porque me ha permitido ver lo que estoy viendo.

Los últimos 30 años

Luego del histórico triunfo sandinista contra la dictadura de Anastasio Somoza Debayle en 1979, Cardenal es nombrado Ministro de Cultura, cargo que ocupó hasta 1987. Resultado de la corrupción que se hizo dueña del liderazgo sandinista posterior a la pérdida de las primeras elecciones libres del país, se aleja del Frente Sandinista de Liberación Nacional en 1994 tras denunciar el desgaste ideológico de la organización que había reescrito la historia de su país.

—**A su parecer, ¿se ha olvidado el mundo de nuestros territorios? ¿Son los pobres de Nicaragua tan pobres como hace tres décadas cuando el presidente Reagan organizaba *fundraisers* para la *Contra* a mil dólares el plato?**

—En cuanto a Nicaragua, lugar donde hubo una revolución, y en la que los pobres lo pasaron bien, estuvieron felices con ella (los adinerados no tanto), ahora los pobres están ciertamente más pobres que antes: por el neoliberalismo y el actual gobierno que engañosamente se autodomina de izquierda pero es la traición de aquella Revolución, y en el que impera la corrupción y el escandaloso enriquecimiento personal de la familia gobernante. Sería peligroso seguir hablando.

—¿Qué ha ocurrido con su fe en los últimos años?

—Mi fe no ha titubeado porque mi fe es sólo en Jesucristo y en el Dios que él nos ha revelado, que es el Dios de los pobres. Mantengo también viva mi esperanza a pesar de todo lo que pasa. De ninguna manera soy pesimista. Digo junto con el Obispo Casaldáliga del Brasil que somos soldados derrotados de una causa invencible.

Poesía exteriorista

Ernesto Cardenal introdujo en el universo hispano el concepto de la poesía exteriorista: "la poesía creada con las imágenes del mundo exterior, el mundo que vemos y palpamos, y que es, por lo general, el mundo específico de la poesía", tal como expone el poeta en el prólogo de la *Antología de poesía nicaragüense.* Sus escritos tempranos, ejemplificados con *Carmen y otros poemas* y *La ciudad deshabitada* ya hablan del amor humano, el mismo que aparecerá después en muchos otros textos: en *Gethsemani, Ky* (1960), revertido de un intimismo que persigue lo místico:

Yo apagué la luz para poder ver la nieve.
Y vi la nieve tras el vidrio y la luna nueva.
Pero vi que la nieve y la luna eran también un vidrio
y detrás de ese vidrio
Tú me estabas viendo;

en *Oración por Marilyn Monroe* (1965), una súplica a nuestra solidaridad frente a la deshumanización del personaje-sociedad:

Señor
en este mundo contaminado de pecados y radioactividad
tú no culparás tan sólo a una empleadita de tienda
Que como toda empleadita de tienda soñó ser estrella de cine.
Y su sueño fue realidad (pero como la realidad del technicolor);

en *Homenaje a los indios americanos* (1969), trabajo que para muchos lo sitúa en la veta nerudiana:

> *Kalún de muchas fechas y deshonrosos gobernantes*
> *de tristeza en las chozas...;*

y por último, en los hermosos *Epigramas* (1961):

> *Al perderte yo a ti tú y yo hemos perdido:*
> *yo porque tú eras lo que yo más amaba*
> *y tú porque yo era el que te amaba más.*
> *Pero de nosotros dos tú pierdes más que yo:*
> *porque yo podré amar a otras como te amaba a ti*
> *pero a ti no te amarán como te amaba yo.*

—Le confieso que no sé dónde enmarcar estos versos, sobre todo porque los expertos —yo excluido—, han "sistematizado" su obra poética "...en una división tripartita que propone etapas sucesivas y mutuamente excluyentes: poesía de denuncia, místico-religiosa y épico-narrativa". ¿Usted qué opina?

—Esos versos a Claudia están enmarcados entre mis poemas amorosos de juventud. No es necesario sistematizar mi poesía haciendo divisiones arbitrarias. En ella hay mucha variedad de temas, es cierto, pero eso no hace que unos sean excluyentes de otros. Es cierto también que ha habido varias fases en mi vida y ello está reflejado en mi poesía. Mi poesía de juventud fue de poemas amorosos a las muchachas, pero también fue acompañada de poemas sociales y políticos y poemas documentales o crónicas históricas. A mitad de mi vida tuve una conversión a Dios, lo que me llevó a entrar a un monasterio; a partir de ella he tenido poemas religiosos o místicos, pero también de toda clase de temas, últimamente sobre todo temas científicos, poesía inspirada en la ciencia.

Cantigas: sobre las razones del Ser
y el destino humano

Ese ya mencionado amor por todo lo humano, rostro perenne en la poética del padre Cardenal, aparece todavía en trabajos recientes como "Cántico cósmico", que a juicio de la periodista mexicana Celia Álvarez representa "una de sus apuestas estéticas más ambiciosas". Como muestra, Álvarez propone uno de los 43 poemas —*cantigas*—, bautizados así por el autor:

En el principio no había, naturalmente, ni leyes físicas
Salimos según parece de una amalgama de caos.
De electrones y núcleos nacieron átomos,
y después galaxias, estrellas, diamantes.
Como la física nuclear descubrió
los elementos transmutables.
¡Hiroshima! ¿Era ése el sueño de los alquimistas?

Este texto, reflejo de un espíritu más abstracto que el evidente en épocas anteriores pero no menos concreto que la sempiterna preocupación del poeta, aparece en la recién publicada antología *Poesía completa* de Cardenal, tres volúmenes en donde la Universidad Veracruzana ha reunido toda su obra.

—**Mario Benedetti afirmó que su trabajo literario "da testimonio de un lirismo espontáneo y cotidiano, pero también de un formidable dominio del verso, de una particular aptitud para hacerlo sonar de un modo natural, comunicativo". Tal afirmación aparece en *Poeta de dos mundos, 1972*, texto donde Benedetti indicó que su voz era la de un religioso desde su voluntaria soledad; pero también la voz de alguien que nunca deja de escuchar el mundo. ¿Qué lugar ocupa la poesía en el mundo de hoy, casi cuarenta años después de tan profundas declaraciones?**

—La poesía ocupa en el mundo un lugar muy importante y lo ha ocupado siempre desde los albores de la humanidad porque la poesía es el lenguaje (lenguaje condensado nos dice el maestro Pound), que es lo que nos hizo humanos. Según algunos lingüistas actuales el primer lenguaje de la humanidad fue el canto (arrullos o canciones amorosas). Y es un hecho que en la literatura de todos los pueblos primero surgió la poesía antes de la prosa.

El reino de los cielos

Estos tiempos de loas, pompas y estrellatos, raras veces paren personajes que mantienen en alto su firmeza de principios sin caer víctimas de la arrogancia. Y si además de ello el personaje camina armado de la humildad, sus convicciones, cualesquiera que éstas sean, serán engrandecidas. En ese sentido, las declaraciones de Cardenal sobre las motivaciones de su creación literaria hablan por sí mismas: "La poesía ha sido mi vida. Soy poeta, sacerdote y revolucionario, pero la primera vocación con la que nací fue la poesía. Si algún impacto tiene mi obra es por razones extraliterarias, yo no soy grande como escritor, pero es grande la causa que inspira mi poesía: la causa de los pobres y de la liberación.

—En 1999, su *compañero* Sergio Ramírez, en *Adiós muchachos*, afirmaba "que la utopía sandinista se había quedado sin cronistas en este fin de siglo"; un lustro más tarde, en *La revolución perdida*, su propia crónica de aquella epopeya, Cardenal indica que toda revolución, aún las perdidas, "nos acercan al reino de los cielos", ¿habrá de veras más revoluciones?

—Revoluciones habrá y ha habido siempre. El invento del fuego fue una revolución. Y Mao decía que la evolución avanza por saltos y esos saltos son las revoluciones. En ese sentido, toda revolución nos acerca al reino de Dios. Hay teólogos modernos que dicen que cuando Jesús usaba el término de "reino de Dios" (o de los cielos), era en un contexto muy parecido al término actual de "revolución". Era igualmente subversivo, y fue lo que lo llevó a la muerte. Cabe aclarar que en el griego en que están escritos los evangelios, la palabra "reino" tiene un sentido imperial, sólo se usa para designar el poder de Roma. Por lo tanto es el imperio de Dios el que Jesús contrapone al imperio de Roma, y en ese sentido es confrontativo. También equivale a lo que ahora dice la juventud: *Otro mundo es posible.*

Fernando Savater
y la fe posmoderna

En 1688, Christophorus Cellarius dividió la historia en la Antigüedad, la Edad Media y la Edad Moderna; hoy hablamos además de la Edad Contemporánea. Tales organizaciones arbitrarias estuvieron conformadas por hechos de índole económico-políticos, geográficos, sociales e ideológicos. Es precisamente esta última categoría del quehacer humano la que facilitó a Jean Francois Lyotard, en su famoso ensayo *La Condition postmoderne*, definir el actual período que vive el mundo occidental: la incredulidad del hombre frente a los metarrelatos, el fin de las utopías.

En esta época postutópica, los medios, los discursos, los neurocientíficos y hasta los *gurús* de la bolsa de valores están imbuidos por la idea de la fe, Dios y lo divino. La fe, que al parecer de algunos sociólogos tiene una semblanza de mercado (si la definimos como la existencia de un consumidor con intención de consumo y con opción de consumo —oferta y demanda—), y por supuesto Dios, están de moda. A juicio de

Nieves Fuenzalida este hecho es el producto de una cultura que "ha elevado una creencia en ausencia de toda evidencia, al lugar más alto en la jerarquía de las virtudes humanas". Se hace necesario entonces intentar adjudicar a lo religioso, a lo místico y lo esperanzador del hombre de hoy un lugar apropiado en una sociedad que parece preguntarse a viva voz si hay que creer, en qué creer y en quién creer.

El cerebro y Dios

Los neurocientíficos analizan el comportamiento del sistema nervioso humano en lo que respecta a las funciones cerebrales complejas. A través de los poderosos *escanes* de resonancia magnética han logrado observar dicho órgano durante la actividad religiosa y ver cómo durante la oración, los lóbulos parietales y frontales son activados; han descubierto que individuos que han sido fieles rezadores poseen lóbulos frontales de mayor grosor lo cual les provee una mejor memoria; y basados en estas imágenes ya saben que el hogar de la fe es el lóbulo parietal. Esta relación entre fe y medicina fue tema central de un número de la revista *TIME* donde, entre otras cosas, nos enteramos de que hay más de seis mil estudios médicos publicados en lo referente al papel "saneador" de la fe.

Dean Hamerd, especialista en trasmisores cerebrales (substancias a cargo de la coordinación de las acciones de este órgano), ha anunciado el descubrimiento de la variante de un gen llamado *VMAT* —bautizado como el gen de Dios— encargado de regular las monoaminas transmisoras. En otras palabras, las vivencias místicas, los atributos del alma, parecerían ser el resultado de procesos cerebrales tan simples como la bioquímica, un concepto ya enunciado en el siglo XVIII por el filósofo francés Julien Offray de la Mettrie en el tratado *L'homme machine*.

En un artículo aparecido en la revista *The New England Journal of Medicine*, el profesor Solomon Snyder describe un sinnúmero de reportajes que dan cuenta del estado actual de la neurociencia y "los esfuerzos en pos de la localización de Dios en el cerebro". El autor enumera una bibliografía ilustrativa del tema y comenta sobre Francis Collins, quien en *The Language of God* ha propuesto la existencia de un "dios personal" a partir de la idea de que a través de la historia y en todas las civilizaciones el hombre ha buscado a Dios; que la estructura cerebral "necesita de Dios" y que Dios mismo nos implantó tal necesidad ya que los hombres, por naturaleza, "gozamos de un sentido intuitivo de lo correcto y lo incorrecto". Collins cita el pensador David Linden al indicar que la religión es un artefacto de la evolución, que al igual que los sentimientos de amor, los sueños y la memoria, es la resultante del predominio de áreas cerebrales más complejas que "vencen" a otras regiones más primitivas usualmente encargadas de regular los instintos. No sorprende entonces cómo muchos de estos planteamientos han servido de apoyo a la filosofía postdarwinista neoevolucionista que cada vez gana más adeptos en Estados Unidos.

El mercado de la fe

El diario *USA Today*, en su edición del siete de octubre de 2008 reportó que en 2007 los habitantes de Estados Unidos donaron más de 35 mil millones de dólares a organizaciones religiosas, una ofrenda de proporciones inimaginables si se tiene en cuenta que esta cifra equivale al presupuesto anual de muchos países latinoamericanos. Aceptamos como válido el derecho de cada ciudadano de disponer de sus dineros como le plazca, mas hay que preguntarse: ¿Hacia dónde va ese dinero? ¿Tiene un precio la fe?

México es la nación latinoamericana de mayor población creyente a pesar de un creciente ateísmo en años recientes; de acuerdo al periodista Francisco Michavila "nunca como ahora se identifican tantas iglesias, sectas o comunidades religiosas en busca de fieles en México". En un artículo aparecido en el diario *Poder,* Michavila argumenta que la competencia en el mercado de la fe es cada vez mayor y la gente, consciente de la diversificación de credos, busca otras opciones para satisfacer sus necesidades espirituales. Así, en América Latina, y sobre todo en Estados Unidos, encontramos iglesias u organizaciones de múltiples denominaciones; con mandatos y reglas de todos los tipos, algunas inclusive "sin denominación": sitios donde se asiste para cultivar la fe *en algo.*

El Vaticano es uno de los estados más ricos y además de poseer inversiones en todos los rubros del mercado mundial, es propietario de tesoros históricos de incalculable valor; de hecho, la Santa Sede posee tiendas en su perímetro donde el turista no sólo compra rosarios e imágenes divinas sino también perfumes Chanel y joyas Cartier. El Vaticano también ha incursionado recientemente en el negocio del turismo religioso, en alianza con la aerolínea Alitalia; pero según expertos, es la Iglesia de la cienciología con sede en California la que ha demostrado la mayor sofisticación en el proceso de oferta y demanda espiritual. Esta organización dispone de una universidad de los negocios, The World Institute of Scientology Enterprises, donde el creyente aprende los trucos de mercadotecnia y economía necesarios para el trabajo religioso.

The Politics of God

"Nosotros, en Occidente, encontramos incomprensible que las ideas teológicas aún inflamen la mente humana y que despierten pasiones mesiánicas capaces de arruinar una sociedad; habíamos asumido que tal cosa no era ya posible, que los humanos habíamos aprendido a separar las preguntas religiosas de las políticas, que la teología política había muerto en la Europa del siglo XVI. Estamos equivocados. Somos la frágil excepción". La cita es de Mark Lilla, quien describe en el diario *The New York Times* uno de los paradigmas de la sociedad occidental contemporánea: su reconciliación con la ideología y fe islámicas. Con educada habilidad ensayística, Lilla describe cómo a partir del siglo XVI y las revoluciones francesa y estadounidense, el ejercicio social estuvo basado en asuntos de índole estrictamente político; a partir de la Primera Guerra Mundial tal ejercicio sufrió un vuelco hacia una teología apocalíptica, ejemplarizada, según el autor, por el nazismo, el socialismo y el fascismo y pasando en décadas posteriores de una teología política centrada en la figura de Dios, a una centrada en el ser humano.

Coincido con Lilla en que hasta las más exitosas democracias han sido vulnerables al mesianismo político y su justificación teológica; y que hoy, tal vez más que nunca, el mundo enfrenta el desafío del deber divino y el dogmatismo religioso abrazado por líderes y presidentes. Bastaría fijarse en la lista de los actuales conflictos bélicos de basamento religioso, responsables de millares de muertes: Sudán, Cachemira, Palestina, Las Balcanes, Irlanda del Norte, Nigeria, Etiopía, Sri Lanka, Pakistán y la India.

Sin embargo, a mi parecer, Lilla se equivoca al afirmar que *nosotros*, Occidente, somos la excepción a tales pasiones inflamatorias. El autor sostiene su argumento a partir de las declaraciones del presidente iraní, líder de la más poderosa teocracia en lo que va de siglo; mas ignora que los discursos de Bush de alguna manera fueron también mesiánicos: citando a Dios en sus acciones, creando círculos demoníacos y de países demoníacos de acuerdo con su propia fe y utilizando el lenguaje divino en acciones concretas, como fue el caso de la guerra de Irak.

La vida eterna

Es el título del excelente libro del filósofo español Fernando Savater, donde con un tono crítico y en un lenguaje fresco y práctico repasa los asuntos de la fe, la globalización de Dios, la relación entre sociedad y religión, la inmortalidad y la política de los profetas. Todo ello apoyado en el legado de Kant, Unamuno y Nietzsche, caldo de cultivo para enfocar temas tan diversos. Savater, ganador de la edición 57 del Premio Planeta de novela, aboga por una sociedad de ciudadanos y no de feligreses, donde las iglesias tengan el derecho de definir el pecado pero no hacerlo un delito. A su parecer, Dios está de moda porque el hombre moderno está lleno de miedos: miedo a la muerte, al futuro y a los demás; y como han muerto las utopías hay que afianzarse de algo. El prestigioso ensayista accedió a conversar sobre la fe posmoderna, he aquí sus comentarios:

—**¿Cuál es el rasgo más distintivo de la fe (pos) moderna?**

—En la era posmoderna hay dos tipos de fe: la de quienes la adoptan por razones más estéticas que otra cosa (la fe como cubito que da sabor al caldo de la existencia, en palabras de Paolo Flores d'Arcais) y la de los integrismos que la utilizan como escudo contra las incertidumbres de la modernidad... y a veces como fundamento para ideologías políticas antidemocráticas.

—**¿A qué atribuye usted que hoy día la fe sea un hecho tan público, tan de todos, tan poco íntimo?**

—Si no me equivoco, la fe siempre ha sido un hecho público. Las religiones siempre han pretendido ser elementos de vertebración social o de establecimiento de lazos comunitarios. Ninguna fe ama el secreto o la absoluta privacidad…

—Un profesor alemán, Ulrich Beck, comentaba hace que, como resultado de la crisis financiera, el mundo occidental luce estar en una encrucijada: *...de la fe en el mercado a la fe en el Estado...* ¿Es el Estado entonces el nuevo tótem de la fe moderna?

—Como otros dioses, el Estado es una divinidad de culto intermitente: cuando las cosas van viento en popa, se procura minimizar o negar su influencia, incluso se exige su desaparición; cuando acucian problemas sociales o económicos de apariencia insoluble, se recurre a él con golpes de pecho y aspavientos de arrepentimiento.

—Siempre he dudado o sentido confusión ante la relación fe-falsedad-mentira; es decir, si la fe depende de la creencia en algo que no necesita corroboración o confirmación, y en ese proceso está implícita o explícita la duda, y si la duda, querámoslo o no, trae consigo la posibilidad de la falsedad o de la mentira... y si la relación de lo que se cree se torna "jerárquica" o sea, ordenada o dictada por alguien... ¿No lleva entonces la fe la mentira en sí misma?

—Sólo podemos tener fe en lo improbable, en lo que no cuenta con argumentos decisivos: nadie tiene fe en las matemáticas ni siquiera en la ciencia, porque asumimos que la ciencia es siempre demostrativa o no es ciencia. La fe es lo que salta por encima de lo que sabemos y nos concede sin más lo que queremos, por inverosímil que sea.

—Como usted claramente establece en *La vida eterna* (Ariel, 2007), lo divino, Dios, está por doquier y sobre todo en la esfera política. La controversia desatada tras las declaraciones del obispo Richard Williamson y el perdón papal a él y tres de sus seguidores negadores del Holocausto, es una fehaciente muestra de aquello al punto de que en la Argentina fue tema principal de los medios y una preocupación gubernamental de tal grado, que han expulsado a Williamson del país. ¿Están la sociedad y los ciudadanos a la merced de esta invasión divina en nuestras vidas? ¿A qué mecanismos tendremos que apelar para evitar convertirnos en una sociedad de feligreses?

—El único instrumento indispensable para la democracia es el establecimiento de un orden cívico laico, que no es contrario necesariamente a la fe —o al menos a algunas— pero funciona al margen de ella, según su propia lógica racionalista. Las religiones, aunque tengan derecho a manifestarse públicamente, siempre deben hacerlo a título privado: son un derecho de cualquiera, no el deber de todos ni mucho menos de las instituciones sociales.

—¿Qué puede decirnos del mercado de la fe? México, el país más creyente de América Latina ya cuenta con más de siete mil asociaciones religiosas con miles de locales; estas religiones cada vez más compiten en busca de creyentes y los creyentes, a su vez, cada vez más buscan diferentes ofertas religiosas. Alguien ha dicho que esto es lo más parecido al mercado, a un mercado cuyo tope es nada más ni nada menos que el cielo.

—Como se ve en los telepredicadores estadounidenses y en tantos otros cultos, las iglesias optan muchas veces por estrategias de competencia comercial (como los partidos políticos, por otra parte). La sociedad de consumo generalizado abre también espacio para un supermercado de remedios trascendentes. Yo confío en una educación pública y verdaderamente laica para evitar males mayores…

Colofón

Podríamos estar en desacuerdo con los planteamientos de los no religiosos, sean ellos anónimos o famosos como Fernando Savater; en lo que sí deberíamos coincidir como sujetos de *buena fe*, es en la necesidad urgente del humanismo; en el rescate de la verdad, perdida hoy frente a sus múltiples y deformadas vertientes. A juicio de Savater la verdad parecería ya no ser importante, está en decadencia y en crisis; y la "autenticidad", es decir, el reflejo de lo que se nos antoje creer o expresar, sea ello cierto o falso, parecería ir ganando. Pero tal como el reconocido autor ha indicado, *no es solamente buena fe*, sino una buena razón lo que de veras nos hace hoy falta.

Eduardo Galeano, sobre este tiempo[4]

Montevideano desde 1940, Eduardo Hughes Galeano, *ejerciendo la profesión de fe del caminante*, ha protagonizado el periodismo, la crónica y el ensayo social latinoamericano desde la publicación de *Las venas abiertas de América Latina* en 1971. Su trayectoria literaria ha estado marcada no sólo por los múltiples premios recibidos (Casa de Las Américas dos veces, Ministerio de Cultura del Uruguay, American Book Award de Washington University, el premio danés Aloa, el Cultural Freedom Prize de la Fundación Lannan y otros), sino también por un incesante afán de documentar los andares de nuestros países. Con un poderoso y personalísimo estilo, las viñetas y narraciones que llenan las páginas de sus más de doce libros han sido también una forma de poesía: la que persigue la memoria para así escribir la historia.

---

[4] Entrevista concedida a propósito de su presentación en el Museum of Contemporary Arts de Chicago en mayo 2006.

En exclusiva para *contratiempo*, Galeano aborda los sempiternos temas de interés para los de aquí y para los de allá, confirmándonos que su visita a Chicago constituye una rara y saludable oportunidad de escuchar, en primera persona, la voz del pensamiento crítico latinoamericano.

—Utopía y Juventud: ¿Hacia dónde se dirigen los sueños en este malogrado principio de siglo, acaso les salvará la memoria?

—Si Hamlet fuera gerente, y no príncipe, actualizaría su dilema. Ya no lo atormentaría eso de "Ser o no ser", sino que dedicaría su insomnio a una opción de más sentido práctico: "Tener o no tener". Más que sueños ofrece pesadillas este mundo nuestro, este tiempo del filo de dos siglos y dos milenios, centrado en la adoración de las cosas y comunicado por el lenguaje universal de los símbolos de poder de la sociedad de consumo. La memoria no es mal remedio para esta peste. Yo no creo que la historia se repita, o al menos no creo que sea inevitable la repetición de la historia, pero sí creo que el pasado nos ofrece espejos que nos permiten ver, más allá de las fronteras del tiempo, lo que somos y lo que podemos ser, el mundo que es y el otro mundo que el mundo contiene, aunque no lo sepa, en su pancita.

—En tu libro *Bocas del tiempo* hablas de Cristóbal Colón, Hernán Cortés y el Mayflower... ¿Qué piensas de la revolución migrantista que se da en Estados Unidos en estos momentos?

—Sí, en el libro digo que Colón se hubiera quedado con las ganas de descubrir América, porque no tenía visa ni pasaporte, y Cortés y los puritanos no hubieran podido desembarcar en México ni en Massachusetts, porque no tenían permiso de trabajo ni había cuotas abiertas de inmigración. Quizá nuestro tiempo será recordado, en siglos futuros, como un triste período de la humanidad en que el dinero podía circular libremente, pero los pobres no. Me parece muy bien que se alcen las víctimas de esta situación escandalosa: ¿Qué se puede pensar de un sistema que trata como a delincuentes a quienes quieren trabajar?.

—La pobreza y la guerra son narraciones con lenguaje similar y donde los pequeños siguen perdiendo. ¿Cuáles son las lecciones para América Latina?

—La pobreza y la guerra son hijas del mismo papá. El sistema universal de poder genera las dos y de las dos se alimenta: como algunos dioses crueles, come a los vivos y a los muertos. Un viejo proverbio enseña que la hipocresía es el impuesto que el vicio paga a la virtud. Te confieso que me indignan algunos mensajes que algunas almas bien intencionadas dirigen a los dueños del mundo pidiéndoles que tengan la bondad de ayudar a los pobres. Estas buenas gentes faltan el respeto a la realidad: ¿Qué sería de los ricos sin los pobres? ¿Qué sería de los países dominantes sin los países dominados que les brindan mano de obra esclava? Y también faltan el respeto al sentido común: los cinco países que manejan las Naciones Unidas, porque tienen derecho al veto en el Consejo de Seguridad, son los cinco principales productores de armas. Velan por la paz y hacen la guerra y el negocio de la guerra. ¿Por qué no se les dice, más claramente: "paren de matar"? El mundo gasta dos mil quinientos millones de dólares diarios en la industria de la muerte. Si se detuviera durante diez o quince días esta máquina del exterminio del prójimo, se podría dar pan, techo y remedios a todos los niños desamparados del mundo. ¿Será mucho pedir, y por eso no se pide? Entonces, mejor sería callar, para no correr el riesgo de adular a los corazones de lata.

—¿De qué color ves el nuevo horizonte político de América Latina (Chile, Perú, Bolivia, Venezuela, Uruguay, Argentina)? ¿Estará la democracia patas arriba?

—La democracia empieza a pararse sobre sus pies, pero esa tarea llevará mucho tiempo. Algo se está avanzando. Me parece importante que Bolivia, país de mayoría indígena, tenga por fin un presidente indio, que no traiciona a los suyos, y que Chile tenga, por fin, una presidenta mujer. Todos nuestros países, incluidos los Estados Unidos, nacieron mentidos. Fueron alumbrados por constituciones que negaron los derechos de ciudadanía a las mujeres, a los negros, a los indios, a los pobres. Una democracia para poquísimos. Ahora, por fin, empezamos a reconocer que la realidad existe. Pero el problema de fondo, todavía más grave que la discriminación por género o raza, es la discriminación económica. No seremos de veras libres mientras nuestras mayorías sigan presas de la necesidad.

—Cuentas que, según la historia, si una muchacha besa un sapo, éste se convertiría en príncipe; y que en cambio, cuando los pesticidas químicos besan las ranas, éstas se convierten en monstruos. ¿Cómo salvaremos el agua y el color verde de las plantas?

—Tampoco será fácil. La ecología no es una causa popular en América Latina, y sospecho que en el mundo. La gente quiere trabajo, y prefiere morir de contaminación a morir de hambre. Te lo digo con pleno conocimiento de causa, porque en el Uruguay somos muy poquitos los que estamos luchando, ahora, contra un modelo de país que quiere convertirnos en un gran centro de producción de celulosa. La mayoría de la gente cree que somos traidores a la patria, enemigos de la inversión productiva, saboteadores del empleo. Nos resulta muy difícil explicar que la celulosa es pan para hoy y hambre para mañana, que nos va a secar la tierra y que hay fundados pronósticos de que nos va a envenenar el agua y el aire.

—¿Y quien ganará el mundial de fútbol?

—Ojalá que gane la selección que ofrezca más alegría y belleza y no la que triunfe por la eficacia del fútbol triste y feo.

Sobre el presente
y el futuro del cine:
Conversación con
Jonathan Rosenbaum[5]

Jonathan Rosenbaum es un crítico muy especial en el mundo cinematográfico de los Estados Unidos. A pesar de su creciente popularidad ha sabido proteger su independencia, y en lugar de colaborar con los principales medios masivos, ha optado por mantenerse en su columna del *Chicago Reader* sin dejar de escribir para revistas de prestigio como *Cinemascope* y *Rouge*. La entrevista que nos concedió tomó lugar en un restaurante del centro de Chicago; y entre los platos que iban y venían, pudimos profundizar en algunos temas sobre el cine contemporáneo. Sus comentarios, algunos de ellos hechos al vuelo, fueron lo suficientemente interesantes como para justificar esta crónica.

---

[5] Co-autoría de Jochy Herrera y Marco Escalante, este último es ensayista peruano autor de *Los malabarismos del tedio*

De filmes y realizadores europeos

Le recordamos a Rosenbaum la crítica severa que le hizo a un filme de Hou Hsiao-hsien: Veo que a usted no le gustó para nada *Millennium Mambo*, pero es una película que, según veo en el Internet, muchos jóvenes veneran. Responde tajantemente: "Me gusta el principio y me gusta el final; pero no lo que está en medio". Nos da un minuto para reír y agrega que este filme de Hou, a diferencia de muchas de sus obras maestras, es demasiado superfluo y vacío. Con Almodóvar se muestra particularmente duro: "Casi no sigo su carrera, no me interesan sus películas; de todos los directores españoles es el menos interesante". Cosa que puede sonar algo injusta, si es que no fuéramos conscientes de los estándares rigurosos que Rosenbaum maneja y que se ponen de manifiesto en su ensayo en torno a la obra de un compatriota de Almodóvar: Pere Portabella, cuyas películas estuvieron por un tiempo cortísimo en el Film Center de Chicago. Ciertamente, Almodóvar, mucho más talentoso que Fernando Trueba, reúne las condiciones necesarias para el éxito comercial fuera de España; pero la ubicuidad de su nombre ha sumido en cierta oscuridad a ese luminoso período del cine español en que cineastas del calibre de Víctor Erice, Manuel Gutiérrez Aragón, Mario Camus y Jaime Chávarri filmaron sus mejores películas. De todos los mencionados, Rosenbaum conoce la filmografía de Erice: "De sus filmes el que prefiero es *El espíritu de la colmena*, algunos amigos prefieren *El sol del membrillo*, pero por alguna razón a mí no me convence del todo, quizás porque es casi un documental sobre un pintor que no llega a interesarme; mejor dicho, el proceso con que concibe una pintura es muy interesante, pero el pintor no lo es tanto".

Después de hablar extensamente sobre su experiencia en Argentina, nos pregunta sobre nuestros países y de la formación que tuvimos como cinéfilos. Le comento que por circunstancias históricas, los chicos de Latinoamérica se educaron viendo una gran cantidad de películas rusas y de Europa del Este. Agrego que nos pareció bastante extraño que en la mejor cinemateca de la ciudad, Facets Multimedia, no existieran muchas muestras de aquel cine, y que la gente tuviera que esperar hasta el año 2000 para ver el *Salmo rojo* de Jancsó. "No, no, no", dice Rosenbaum, "la primera vez que vi una película de Jancsó fue en los años sesenta. Claro que debido a la Guerra Fría las películas de Europa del Este no eran muy comunes aquí en Estados Unidos, pero con el correr de los años hemos logrado tener acceso a obras muy importantes. Curiosamente, cuando hace unas décadas hablábamos de vanguardias, novedades e innovaciones, fundamentalmente teníamos como marco de referencia la nueva ola francesa: Godard, Truffaut, etc. Pero ahora sabemos que las transformaciones más radicales estaban ocurriendo en Europa del Este, en países como Hungría y Yugoslavia, con Dusan Makavejek y Miklos Jancsó a la cabeza". Aunque la colección del Facets es limitada en este rubro, tiene por lo menos dos películas maravillosas de Makavejek: *El hombre no es un pájaro* y *La tragedia de una operadora*, de Jancsó es posible encontrar, en algunas bibliotecas, *Los rojos y los blancos, Los desesperanzados, Rapsodia húngara* y *Electra, mi amor.*

El trío mexicano

La discusión en cierto punto toca *Babel*, la película de Alejandro González Iñárritu. Rosenbaum quiere comenzar escuchando lo que pensamos nosotros. Brevemente nos manifestamos positivamente en torno al filme, a lo que responde: "Sí claro, a mí también me parece una película importante. Cuando la vi por primera vez en un festival, mi reacción fue positiva; es solamente más tarde que se comenzaron a generar mis dudas. Y es que la película lidia con generalidades y no sé hasta qué punto el director conoce y le importe la realidad de los campesinos de Marruecos; esto me molesta mucho, es algo así como sentir amor por la humanidad pero no por la gente. El problema es que la película es demasiado ambiciosa y que abunda en afirmaciones en torno al mundo moderno que van mucho más lejos de lo que el director y el guionista realmente conocen. Al final, me queda la sensación de que el cineasta siente cierta curiosidad por los campesinos de Marruecos, pero sólo en la medida en que le sirven para ilustrar su mensaje". Del trío de películas mexicanas que se estrenaron con tanto éxito en los Estados Unidos, Rosenbaum muestra su predilección por *El laberinto del fauno*, de Guillermo Del Toro.

Cine y globalización

Volviendo a la actualidad, le preguntamos sobre las diferencias que existen entre los cineastas estadounidenses y los europeos de hoy en día. Luego de una pausa prolongada responde: "No sé si pueda responder a esta pregunta apropiadamente, porque el concepto de cinematografía nacional, en su sentido tradicional, probablemente ya no existe. En la realización de muchas películas americanas, por ejemplo, interviene gente de diferentes países. Creo que toda la idea de nacionalidad es muy importante para el comercio, como un medio de colocar bienes en el mercado. Pero en muchos sentidos es un concepto anticuado, considerando como funciona el mundo hoy en día, en el contexto de la globalización". Le inquirmos si lo mismo se aplica para las audiencias, si la audiencia europea busca lo mismo que la norteamericana; nos dice: "Tal vez en cierta medida; y aquí hay que resaltar la función que cumple la comunicación electrónica; yo recibo mensajes de muchos cinéfilos de diferentes partes del mundo. No digo que las características de cada nacionalidad hayan desaparecido, sino solamente que estos rasgos cada vez son menos significativos. El asunto es muy complejo, no estoy planteando que la globalización sea buena o mala; sino que el concepto de nacionalidad tiene que ver con la territorialización del capitalismo, que básicamente plantea que tal cosa está bien aquí pero no allá; si yo fuera un hombre de negocios, me interesaría el concepto, pero como no lo soy… Además, yo creo en algo que puede llamarse la incorrección económica y he comprado videos procedentes de países con los cuales no está permitido este tipo de transacciones, y lo hice simplemente porque quería verlos".

El cine como experiencia comunitaria

El legendario realizador checo Milos Forman, y el francés Jean-Claude Carriere, director de la Fundación Europea de Profesionales de Imagen y Sonido, han declarado que "el futuro del cine radica en la resistencia a la invasión hollywoodense". Al parecer, el cine como industria y como manifestación artística, ha entrado al nuevo siglo en una encrucijada: ser capaz de adaptarse incorporando las nuevas exigencias que el *moviegoing y el moviemaking* conllevan, o enfrentar una crisis por necesidad redefinitoria: ¿Deberá el cine conformarse con ser la última de las artes comunales o reinventarse en la tecnología? Mientras los teóricos estudian la relación entre cine de arte y de entretenimiento, el Internet, los videos, el *DVD*, *Real TV*, *iTunes*, *Net flix*, *homedownloading*, *plasma TV* y *Real TV* desafían la industria tal como lo hizo la tele a color en sus inicios.

Las encuestas revelan que la gente asiste al cine cada vez con menos frecuencia y que prefieren el *DVD* en los confines del hogar. *Pirates of the Caribbean*, la película más comercial de 2006, arrojó 424 millones de dólares en ganancias por asistencia a teatros durante ese año, y en los primeros cinco meses que se hizo disponible para alquiler, unos 60 millones; pronto, el ingreso por concepto de alquiler alcanzará el equivalente de un tercio de lo que produjo en pantalla, el grueso por supuesto llegando a las manos de la empresa filmográfica y no a las salas ni distribuidoras.

La periodista Tiffany Peckosh, luego de asistir a un panel sobre "la cultura del ir al cine" durante el Sundance Film Festival 2006, afirmó que la experiencia de asistir a una sala acarrea circunstancias que contradicen su propósito y persuaden negativamente al espectador: el ruido del público y los celulares, los comerciales, la sensación de *mall* intrínseca a los cines *multiplex*, la sala contigua, el *popcorn*, el parqueo y los costos del boleto, todos, son factores que han afectado los ingresos del *Box Office*.

De acuerdo a la opinión de Rosenbaum este comportamiento del público responde en parte al hecho de que "en el pasado, ir al cine representaba una actividad comunitaria, un reflejo del espacio público que parece haber dejado de existir; la industria ha dirigido y orientado el cine a audiencias específicas lo que de alguna manera paradójicamente, persuadió a la gente a no visitar las salas" (en *Cinema Paradiso* y *La Noche Americana* encontramos hermosos ejemplos del cine comunal, ejemplos de pueblos y personajes que hicieron una vida y vivieron su vida en la sala local, junto al proyeccionista, el director y protagonistas del filme. Un crítico ha dicho que estas películas son *una celebración nostálgica de la alegría de hacer cine,* y a nuestro parecer, también del ir al cine).

Johnathan Rosenbaum narra con emoción sus experiencias en Argentina como crítico invitado a los festivales de cine de Córdoba y Mar del Plata (desde donde nos escribió justo antes de ser publicado este texto): "...Aquí he sido testigo de un fenómeno sin precedentes que conlleva la posibilidad de una transformación real en la proyección de películas que le quitaría el poder a las grandes distribuidoras: el resurgimiento de los cine-clubs. Este concepto, que parece será experimentado en Chicago por una universidad local, implica la proyección de filmes en formato *DVD* a muy bajo o ningún costo, a un público de hasta 800 personas en locales comunitarios; supe que mostraron filmes tan complejos y variados como *The Horse is Black* (Abbas Kiarostami, 1962) y algunas películas del ruso Moratov". Ante nuestra insistencia de que el *DVD* compite contra la proyección en teatro y por lo tanto impacta negativamente la experiencia de asistir al cine, Rosenbaum argumenta justo lo contrario a partir de la experiencia argentina; mas advierte: "El único obstáculo o problema en este fenómeno sería, una vez más, la territorialización del capital", que las garras de las distribuidoras adquieran el control.

¿Hacia dónde va el cine?

Un innovador concepto de producción y rodaje se desarrolla en Europa, el *open source*; en éste, un grupo de realizadores y productores filman la base de una película y la hacen disponible a otros que pueden modificarla o reeditarla en otras versiones. Los filmes son además financiados mediante suscripciones pagadas por futuros compradores del *DVD*. Este ejercicio de creatividad colectiva no tiene precedentes y sus promotores afirman que contrario al cine tradicional, donde la idea es presentada de acuerdo a como el realizador la interpreta, en *open source* hay libertad de recreación y libertad artística, "el paradigma del cine del futuro".

Le preguntamos a Rosenbaum sobre el futuro de Hollywwod, la Academia, las películas que vendrán y si hay un interés en promover cine de intención artística; nos fue franco: "...no sé la repuesta porque no soy profeta y en lo relativo a la Academia soy un amateur". Sin embargo, es su opinión que la clasificación de filmes en géneros particulares es una obsesión para la industria, ya que ésta se vuelve sospechosa de películas "inclasificables"; un factor que hace difícil entender el comportamiento de Hollywood respecto al cine de arte o con intención de arte. Rosenbaum aún se pregunta, por ejemplo, por qué Hollywood prefirió invertir y promover *El laberinto del fauno*, *Babel* y *Children of Men* entre todas las producciones que salen cada año (estos cuestionamientos son discutidos por Rosenbaum en su último libro, *Essential Cinema: On the Necessity of Film Cannons*, donde afirma que la orientación consumista de nuestra cultura ha dictado por mucho tiempo la suposición de que las películas pueden ser clasificadas arbitrariamente como de arte o de entretenimiento).

Colofón

El teórico francés Jacques Ranciere declaró a la prestigiosa revista *Cahiers du cinema* que la importancia del cine hoy día radica en que éste motiva un cuestionamiento del esquema establecido por la modernidad artística, por ende sugiriendo que es un arte del que todavía debemos esperar alguna sorpresa. En 1957 Francois Truffaut declaró: "...la película del mañana la intuyo más personal incluso que una novela autobiográfica. Como una confesión o como un diario íntimo (...) la película del mañana será un acto de amor". Así lo esperamos, porque creemos firmemente en la capacidad de evolución intrínseca a toda forma de arte; el cine, que hace medio siglo fue desafiado por la televisión, reencontrará su lugar como expresión de la realidad en este nuevo siglo paridor de tecnologías. Este reencuentro sin duda alguna será impulsado en gran parte por el espectador, y a nuestro parecer, no provendrá de Hollywood sino de los más jóvenes y progresistas realizadores del resto del mundo, incluyendo los latinoamericanos.

Guillermo Anderson,
canto de raíz garífuna

Vi rajarse las paredes
vi pasar las dictaduras
vi quemarse la montaña...
Vi en los rostros la amargura.
Soy de piedra soy de adobe
de agua de río y madera.
Mi país lleva por nombre
Tierra de la dulce espera...

Eran los alrededores de 1665 cuando las potencias militares y económicas europeas de la época se disputaban las colonias del Caribe. La devastación de los aborígenes y una España militarmente debilitada, facilitaron la expansión del poderío británico y francés en la región. La naciente agricultura en las Antillas Menores se concentró en Martinica, Barbados, Granada, Dominica y Santa Lucía, tierras ideales para el cultivo de la caña de azúcar sostenido por esclavos traídos del África occidental.

En este escenario se inicia la historia garífuna, la etnia africana más importante de Centroamérica; barcos británicos cargados de esclavos zozobran en las costas de la isla San Vicente, y ya libres éstos se radican en su agreste territorio poblado por indígenas araucanos (caribes) provenientes de América del Sur. La convivencia pacífica de ambos grupos, añadida a la presencia de esclavos libertos llegados de otras colonias, crea una población de caribes negros, hoy conocidos como garífunas. Motivados por el interés estratégico en la zona y su conflicto bélico con Francia, los ingleses expulsan a los caribes negros de San Vicente trasladándolos a la isla de Roatán en la costa atlántica hondureña. Dispersos por países vecinos, éstos sobreviven las difíciles condiciones encontradas al momento de su arribo, conservando costumbres hoy prevalecientes aún entre aquellos que en tiempos modernos emigraron a New York o Los Ángeles.

La presencia étnica africana en Centroamérica merece atención, no sólo como noble ejemplo de bravura en la defensa de su identidad, sino también por la negación histórica a la que como grupo han sido sometidos por las oligarquías durante los últimos tres siglos. Aquí radica justamente la importancia del trabajo de Guillermo Anderson, artista hondureño cuya trayectoria ha trazado un camino de respeto, crítica y rescate del espíritu y culturas del país centroamericano, y del garífuna en particular. Ello en una nación que, al igual que sus vecinos, ha vivido la ignominia de la pobreza sostenida por gobiernos bananeros que la hicieron y rehicieron para el beneficio propio y el de sus socios.

El haber crecido en la zona le permitió a Guillermo Anderson participar de un mundo musical que cantaba soca y calipso en inglés, escuchaba *blues* provenientes de Jamaica traídos por marinos; música *country* de bucaneros de piel quemada y boleros de mestizos enamorados salpicados de *punta* al ritmo de tambores garífunas. Es ese el sabor de Ceibana y Guillermo Anderson, grupo al que hemos tenido la oportunidad de escuchar en varias ocasiones.

Costa y calor,
magia del mar,
reino que invita
al pelícano a jugar,
dame tu luz,
baña a mi ser,
dame las fuerzas que
me incitan a querer...

Las canciones de Guillermo Anderson contienen una musicalidad marítima que abraza la flora y fauna de su tierra en un rescate de propuesta ambientalista. Él nos confiesa su origen de cantautor hijo de la Nueva canción latinoamericana, característica evidente en la exigencia social de sus textos. Ellos incorporan a la mujer y los niños en un discurso invadido por la magia metafórica de frases y narraciones que reflejan el trabajo comunitario:

¡Ay cómo me llena esa fuerza que tenés,
que me convence que el mundo está al revés,
mujer de la patria mía, yo sigo creyendo en vos!

"Los polos que conforman la temática de mis canciones son una especie de malabarismo con el que uno juega y que incluye el entretener. A la gente quisiéramos darle información, sentido de identidad y crearles inquietudes. En nuestros países, atreverse a salir a escena con sonidos, instrumentos y elementos nacionales ya es bastante. El mercado lo invaden los enlatados y es un atrevimiento cantar algo que trascienda el *mueve la cadera mami*".

Al cuestionarle los motivos detrás de su trabajo, el artista describe la desolada escena cultural de Honduras, agravada por la abolición del Ministerio de Cultura a instancias del

Fondo Monetario Internacional: "No hay propuestas nuevas, y las que aparecen son malas copias de lo que imponen de afuera, somos un país pequeño y no voy acompañado de una generación de cantautores… somos pocos los que hacemos trabajo artístico alternativo; mi educación y habilidad me convierten automáticamente en un privilegiado, y como ente responsable me satisface poner mis reflexiones al servicio de la gente; sería un frustrado si no viviera en mi país a pesar de las dificultades".

—¿Cómo se compara el proceso social y económico de los diferentes grupos indígenas al de los garífunas?

—A pesar de las ventajas económicas que la geografía da a unos, los procesos hoy día son muy similares. Para los garífunas, vivir en la costa les facilitó el intercambio y la emigración; su integración a la marina generó una economía que combinada a la agricultura, les facilitó cierta independencia de los gobiernos, movilidad que las etnias del interior no gozaron. Sin embargo, sus necesidades son las mismas que el resto de la población resultado de las crisis generadas por las grandes compañías pesqueras, el desempleo y la deficiente asistencia social. Aún más, los esfuerzos de organización y apoyo comunitario en cierto grado provienen de la diáspora garífuna de New York.

La música de Guillermo Anderson atrapa la energía de los elementos garífunas, distinguiéndola de lo que es afroantillano o afrocubano, pero simultáneamente, niega "la pureza" de lo garífuna como cultura; pues dada su historia migratoria, considera que este pueblo disfruta de un "cosmopolitanismo caribeño" influenciado por múltiples ritmos.

—¿Hay entonces características particulares en la música garífuna?

—Desde un punto de vista occidental, su fuerza está en la percusión; armónicamente, su canto no es "afinado", es más que nada una expresión colectiva donde las frases invitan a ser cantadas en grupo con énfasis en la emoción y no en la afinación. Cada ritmo juega un papel determinado: el *jungujungu* es para las mujeres, se baila toda la noche, en los funerales se baila *punta* y las *parrandas* se entonan en misas y novenarios.

…en mi país rumor de mar…
está el olor a café en la tardecita,
y aquí está el África en canción,
vida y tambores, leyenda negra,
cayuco lleno de flores.

—¿Cómo se manifiesta el racismo en Honduras?

—Como en el resto de Latinoamérica —indica el artista—; aquí el racismo cobra distintas formas en relación con la historia, región o población. Si le preguntas al hondureño blanco o mestizo, te dirán que no hay racismo. Para nuestros países el concepto de racismo es similar al de esclavitud, *apartheid*, el Estados Unidos antes de los derechos civiles… nuestro racismo es un legado de la Colonia que se manifiesta en actitudes de superioridad basadas en el color de la piel u origen étnico, en el hecho de que no se refieran al individuo como persona sino como miembro de tal o cual raza y en la poca representación de las etnias en los gobiernos.

—¿Cómo ves el futuro de tu país?

—No es lo mismo estar mal, exigir y luchar, que estar mal y no hacer nada. Nuestro trabajo es de hormiga, pero un trabajo de verdad que incita cambios. Hay gente que se da de corazón, el problema es que los corruptos, los violentos y la música enlatada toman el espacio en los medios creando la ilusión de que estamos solos. Creo que al decir futuro decimos nosotros, y el futuro de un país es el compromiso adquirido con él y con uno mismo. No pierdo la esperanza a pesar de tanto tratado injusto y tanto Fondo Monetario.

Carlos Varela:
un duende entre dos orillas

Siete es el sexto disco del "cantautor" cubano más controversial; perteneciente a la llamada novísima trova; Varela es músico autodidacta, dramaturgo por educación y contestatario por naturaleza. Autodefinido gnomo a quien no cesa de preocuparle la verdad, el amor y la esperanza.

Habanero nacido en el 1963, influenciado por iconos de la nueva trova, criticado aquí y allá, creció entre el éxodo de la embarcación Mariel a sus diecisiete años y "el período especial" a los veintidós. Este es su trabajo más autobiográfico; nueve de doce canciones son inéditas y viajan vestidas de trova y charanga. Acompañado de Los Van Van y la norteamericana Bonnie Raitt, Varela retorna al trabajo de banda del que estuvo alejado varios años. Si en su anterior disco *Nubes* predominó la acústica y la voz, en *Siete* regresamos a los tonos que definieron su álbum más importante: *Como los peces*. Hay aquí un escritor maduro, pensativo y sosegado, pero también un artista abrumado del siglo veintiuno.

El tarot adjudica caracteres fantásticos al número siete, y así se comprende este trabajo: coincidencias ordinales donde los naipes cuentan historias. El diccionario define también al siete como un instrumento de la carpintería que sostiene en el banco los materiales. Parece ser que Varela llama a inventario recordándonos con qué contamos y con qué soñamos en la construcción de la verdad: Beatles, Nostradamus, Jesús, Romeo, la Biblia o Galileo nunca tuvieron la verdad, "porque la verdad de la verdad es que nunca es una".

Su trayectoria musical ha profundizado la relación entre *feeling*, *blues*, *rock* y las manifestaciones trovadorescas; entendiéndose que ya Milanés y Silvio Rodríguez lo habían hecho con el Grupo de Experimentación Sonora del Instituto Cubano de Arte y Cultura. En este nuevo trabajo reaparecen las acostumbradas preocupaciones: el amor ausente, La Habana, la diáspora, la muerte y el azar, y con ello conocidas metáforas urbanas. Los textos están coherentemente influenciados por la situación del mundo contemporáneo: en *Mi fe*, a mi parecer la canción más importante del disco, somos testigos del efecto anestesiante de la superficialidad en un universo ausente de amor y esperanza arropado por la prepotencia total: *y aunque el maldito mundo esté al revés, y hay demasiada gente que perdió y se fue, yo nunca voy a dejar, mi amor, que me arranquen mi fe.*

Conversamos con Carlos Varela mediante siete preguntas sobre poesía, música, proyectos, nostalgias y más que nada, sobre el amor:

—Tus imágenes son urbanas y primer mundistas: camioneros, luces en la carretera, gasolineras y fotos de *Playboy*, ¿de dónde viene esa lírica?

—Mi generación y la de la nueva trova empieza a diferenciarse justamente en la urbanidad; nací y aún vivo encima de una gasolinera en el centro de La Habana. Silvio y Pablo nacieron en el campo y por eso se encuentran en su poesía hermosos elementos como el río, la montaña, la palma y el sinsonte, poesía de la tierra. Hace unos años Silvio dijo que a él, lo que le gustaba de mi poesía era que no era poesía de la palabra sino de la idea. Y mucha gente cuando escuchan mis canciones dicen que están viviendo una película, lo que por supuesto tendrá que ver con mi formación teatral. Y hay una teatralidad interna en ellas, son pequeños *video-clips* donde hago analogías y juego con elementos de la realidad, con poesía de la idea.

—**En ese proceso de creación poético-musical, ¿provienen las metáforas de un Varela artesano, o es que nos das los instrumentos para abrir la cajita y encontrar los secretos de tus letras?**

—A veces hay canciones que no terminan nunca, son como una obra de barro donde lo que te estoy brindando te lo doy con esta mierda dando vueltas con el barro fresco y los dedos frescos, es decir, el resto depende de ti. No subestimo ningún espectador y me encanta que la gente tome distintas lecturas de mis canciones, que se la lleven a casa, la cocinen, que se abriguen con ella, que se acuesten con ella. Una canción no puede evitar una guerra o que a mi país le vaya mal. Pero puede ayudar a despertar un poquito más de amor y cambiar las ideas de la gente. Las cancioncitas que hacemos los que estamos en la isla, cada una, puede ser un grano de asfalto para la carretera que tenemos que construir juntos para que las cosas caminen mejor. Y eso es lo que hacemos Sabina, Silvio, Pablo, Serrat y tantos otros que ni tú ni yo conocemos y están por ahí haciendo canciones. Me encanta que las canciones sean como una cajita de sorpresas y que cada cual encuentre lo que crea.

—Nueve de las doce canciones de *Siete* hablan de añoranzas y ausencias. ¿Por qué esa obsesión de buscar lo que no está o nunca estuvo?

—Quizás sea porque una vez Silvio Rodríguez me dijo cuando yo tenía diecinueve años "trata de que tus canciones se parezcan a tu vida, a tu historia, a tu barrio, a tu escuela, a tu generación, a tu familia, a tu país y a tus amigos". Y eso hice; como cuando leí a Tagore, que decía: "si conoces a los de tu aldea, conocerás el mundo". O quizás como cuando Pablo Milanés me dijo hace un año: "eres para mí el cantautor más revolucionario que conozco". Mi mundo, como mis canciones, está lleno de barrios, generaciones, historias, amores y desamores, ilusiones y desilusiones, de familias divididas, ausencias y añoranzas, de fracasos y esperanzas, de caminos y abismos, de las dos orillas del amor que está y del que ya no está, de mis ganas de vivir a pesar de los pesares.

—En este nuevo trabajo luces menos "contestatario", más conciliatorio y hasta esperanzador, ¿cómo ha sido influenciado tu discurso con la situación del mundo actual?

—Lo de contestatario suele ser tan relativo, conozco maravillosas canciones de amor más contestatarias que muchos panfletos. *Yesterday* de McCartney, *With or Without You* de U2, son tan contestatarias y revolucionarias como las de Silvio, Pablo, Sabina o Serrat. Hablan del amor y el reconcilio desde la revolución de la belleza y la poesía. Canciones que se quedan en el alma de la gente para toda la vida y son más vitales y hermosas que otras aparentemente o calculadamente patrióticas y revolucionarias, pero sin belleza. Lo del reconcilio y la esperanza tiene que ver con mi forma de ser y pensar. Hay canciones mías que se refieren al tema de las dos orillas, de las familias divididas como marionetas de los políticos de ambos lados, de la fe y la falta de fe. Claro que lo que está pasando en el mundo influye en mí sólo desde el lado de la poesía y la belleza, y no del discurso falso. Me preocupan, como a todo el mundo, los terroristas, y los hay en todas partes, incluso en la tele: terroristas de mal gusto bombardeando, no con uranio, sino con programas de ignorancia empobrecida a toda Latinoamérica, con secuelas que no queman la piel sino el alma de los niños; incluso en Cuba, porque el mal gusto, igual que las buenas canciones, está flotando en el aire, y nadie escapa del aire que respira.

—**Los mitos y cábalas son muy evidentes en tus textos. En *El humo del tren*, cuentas sobre múltiples adoraciones: Alá, Yemayá, Shangó, Obbatalá y hasta "ojalá". ¿Ves tú la religión y sus derivados como un fallo de la filosofía del hombre moderno, una derrota ante los desafíos de la humanidad de hoy día?**

—Cuba es un país muy religioso en muchos sentidos; y el mundo se vuelve más religioso, y en la medida en que a la gente se le compliquen las cosas, siempre necesitarán buscar herramientas de fe. Algunos irán a la iglesia, usarán el tarot, I Ching, santería y otras cosas, pero hay muchas maneras de tener herramientas de fe. Me gusta en mis canciones hacer preguntas, aunque alguien decía que la canción tenía que darle respuesta a las cosas y eso es una estupidez. Hay maravillosas canciones que solamente hacen preguntas incluyendo las que me hago: ¿Creo en Dios, y qué es Dios?, y si Dios se parece a la música entonces creo en Dios, y si tiene la cara de mi madre, entonces creo en Dios. Pero bueno, yo no voy a la iglesia. Creo en todo caso que Cuba es un país de mucha madera, de mucha energía, otros dicen que de mucho *aché*. Y muchos cubanos quieren darle una explicación a todo lo que ha pasado y a lo que va a pasar, tal vez por la vía religiosa por así decirlo. Y yo, como soy una esponja pues también traigo estas preguntas y símbolos en mis canciones.

—¿Qué motiva esta primera incursión tuya en "la música popular", este coqueteo con formas musicales supuestamente dispares, al incluir a Los Van Van en el disco?

—Es que Juan Formell, que hizo el grupo hace más de 30 años, es como mi padre, uno de los más grandes compositores de mi país, y sus Van Van, sin duda son los Rolling Stones de la música popular cubana; por eso no los quieren en Miami, porque le quitan el pan a un montón de gente. Siempre tuvimos la idea de hacer algo juntos y es un honor que se haya montado conmigo en el tren. Y es divertido romper con ese mito de que la música popular, el *rock* y la canción, no podían ir juntas.

—**Has dicho que tu inspiración no es criticar, sino la ilusión de los cubanos de transformar las cosas. ¿Cómo te ves y cómo ves a los artistas en la situación actual de tu país?**

—El pueblo cubano es un pueblo muy fiel y con los años ya no somos tan jovencitos, incluso cuando se dice novísima trova, no se refiere exactamente a nosotros, porque ya hay muchos más jóvenes que nosotros. Es un país donde la gente tiene todavía la necesidad de contarse cosas, leer poemas, discutir y justamente por esa capacidad del sentido de ilusión del cubano, es la necesidad de transformar las cosas, ilusión que cada vez encuentro menos en América Latina. Con el tiempo, y sobre todo luego de los noventa cuando la situación se transforma económicamente, se complican también las cosas relacionadas al arte, y ello provoca una migración de grandes artistas de antes de mi generación y de la mía. Nunca diría como dijeron otros que eso acabó con la cultura cubana, diría más bien como dijo Alicia Alonso: espantaron la cultura cubana. Hay gente que no está físicamente en Cuba pero que sigue allá conectado; es su isla, es su país, es su nación. Yo tengo que reconocer que a mí me han respetado mi espacio, tengo la suerte de cantar en los teatros más grandes de Cuba y no es algo que me haya regalado nadie. Te repito: el pueblo cubano es muy fiel y la gente agradece que uno siga cantando en casa y que uno siga defendiendo a los de casa estén donde estén. Y lo que la gente defiende es que uno ha sido coherente, consecuente y que uno decidió correr el riesgo de hacer canciones dentro de Cuba, fuera de Cuba, pero para Cuba, y yo no me arrepiento.

La pluma es al plomo
lo que el ala, a la bala[6]

Demasiado cuerpo hay, ¡ay! pidiendo guerra.
Habrá que cargar el alma de calma
y balas de belleza.
Luis Eduardo Aute

Más de tres décadas de poemas desgarradoramente hermosos y canciones de delicada angustia que consagran cotidianos desafíos: el amor y el desamor, eros, el espíritu y la muerte, Freud y Nietzsche; autor que los comerciales y *hit-parades* ignoran; filipino por nacimiento, autodidacta, sin "militancia política" pero con una trayectoria contestataria que lo situó tempranamente en aquella nueva canción española,

---

[6] Entrevista concedida en abril 2003, a propósito del la salida del disco *Alas y balas.*

Luis Eduardo Aute Martínez es un Simbad armado de poesía.

Luego de una inicial etapa de componer para intérpretes, dos trabajos pioneros de Aute se convierten en himnos que sellarán su trayectoria y su relación con el público: *Rosas en el mar*, simbólicamente conectada a *Blowing in the Wind*, y *Al alba*, canción de amor y despedida a las víctimas del franquismo:

> *...miles de buitres callados van extendiendo sus alas*
> *no te destroza amor mío esta silenciosa danza*
> *maldito baile de muertos, pólvora de la mañana...*

Con un lenguaje poético de incuestionable estilo propio, Aute va incorporando la temática amorosa, unas veces íntima y sensible, otras rebelde e insatisfecha. Con el paso de los años, consolida una postura política de vanguardia enriquecida por el incesante cuestionamiento existencial; una especie de disección del alma humana: su origen y propósito. Aute es un detective de los misterios humanos que hurga entre el dolor, la soledad y el universo:

> *...cómo has podido tú,*
> *ánima pura, crear al animal*
> *humano a tu imagen y semejanza*
> *y permitir que se transfigure en esa bestia*
> *que me mira en el espejo cada mañana.*
> *Di, Dios. Anímate,*
> *levanta el ánimo, animal,*
> *que la bestia te quiere asesinar y,*
> *de puro bestia, no sabe que*
> *el alma que te anima,*
> *animal del alma, es amortal...*

Preocupado por la globalización y el mercado en el que se esconde el tirano en turno, Aute profetiza al hombre posmoderno: *NASDAQ* y *Windows* son logotipos universales donde la cultura no recuerda ni su nombre, divisas convertidas en "biblias y coranes". Audiencias que dictan la única moral mientras se fabrican almas de probeta.

Aute también redefine la pareja tradicional con un llamado a derrumbar lo que Octavio Paz considera como elementos constitutivos de la concepción occidental del amor: la trasgresión, el castigo y la redención. Y propone un nuevo lenguaje amoroso: transfiguración de la mujer, el sexo y la existencia dispuestos a enfrentar el mundo con los cuerpos:

En vista de que se trata
de que el pez gordo se coma al pez escuálido,
y de que el Edén lo pueda devorar
únicamente el rostro pálido,
quítate el vestido,
quítate el desnudo y muéstrame al animal...

Las letras auteanas, al igual que sus pinturas, se refugian en imágenes corporales de profundo contenido erótico; lienzos donde la figura humana es marco de expresión. Magritte, Kazan o *Casablanca* son metáforas que penetran el texto como una cámara que cuenta historias. Otras veces Aute se refugia en Quevedo y nos condena a ser polvo, "mas polvo enamorado"; es decir, una derrota en la desesperada carrera que todo amor pretende vencer: huella, trascendencia, clímax, posteridad...

Esta poesía plurisensorial donde el sexo, el erotismo y el ser representan un todo abarcador es poco conocida en la cantautoría hispanohablante. También es, a mi ver, el más importante legado del texto auteano como imagen expresiva. Paul Eluard nos contaba historias de "sexo líquido, universo de licor...", palabras que sustentan *Mojándolo todo*, una de las más hermosas canciones eróticas contemporáneas:

...tendida
con los muslos como alas abiertas
dispuestas al vuelo...

me incitas, me invitas
a viajar por lácteas vías
y negros agujeros levemente
develados por tu mano que juega
por pudores y sudores
enjugando entre pétalos de carne,
el estigma de tu flor más desnuda
mojándolo todo...
volando por universos de licor...

En su único disco bilingüe, *Aire / Invisible*, Aute logra un magistral uso del poema en inglés. Leonard Cohen aceptaría que estos textos nos arrastran desde la desolación existencial:

...but I am sure these empty nights will end as soon as I begin to realize that freedom is a bird that flies. Alone, alone...all alone in my loneliness, alone in distress, alone in unhappiness, alone alone, alone and lonely, so lonely...

Tras cinco años de de estar ocupado en la realización del largo metraje *Un perro llamado dolor*, Aute nos entrega el disco *Alas y balas*, un festín de catorce canciones de guerra, niños y curas pederastas. Son historias de sueños y desamor en las que los girasoles se convierten en giraeclipses que persiguen lunas. Una vez más, Aute es el cosmonauta de nuestras dudas y pesares. Los instrumentos y la voz apelan al viento, al agua, a la luz y al fuego para explorar la anatomía:

Tu silueta es una llama
desnuda contra la ventana,
la sed de fuego que te mana
enturbia el sol a tus espaldas... desnuda luz
contra luz, luz contra luz,
es tu cuerpo, luz contra luz...

Cual descarga de metralleta o catarsis de los elementos, el disco se inicia con una granizada que termina en un canto de grillos prometiendo amaneceres.

Éste, su trabajo número 25, muestra un Aute tierno, rebelde, angustiado y más que nada lleno de la urgente necesidad de contarnos historias donde triunfa el amor sobre la muerte. Los textos se muestran empapados de un profundo simbolismo filosófico que yuxtapone el reto existencial: el desafío o el compromiso de búsqueda insaciable de respuestas (las alas) y las heridas del camino, los tropiezos y obstáculos (las balas).

Con más de 400 canciones al hombro, Aute sigue refugiado en una mujer de ayer o de hoy como la luz de un faro abraza la noche. Sigue inquietándonos el corazón, oscuro objeto del deseo que osamos ignorar. Luis Eduardo Aute es un Maqroll: el mismo rostro del marino que lo ha visto todo pero que aún tiene espacio para el sobresalto y quien no parece querer renunciar a su incurable desvarío de besos y quimeras...

—**¿Qué te sigue motivando a crear?**

—La verdad no lo sé. Tal vez un estado de ánimo cercano a la soledad, o a la rabia, o a la melancolía, a vaya usted a saber qué. Simplemente siento la necesidad de hablar con alguien que no existe, o que no está, para contarle sentimientos, reflexiones, etc.

—**Desde una perspectiva estética y filosófica, ¿cómo relacionas la poesía, la música y lo pictórico?**

—Tal vez la poesía, o lo poético, sea el nexo entre música y pintura, que muy poco tienen que ver entre sí. Allá donde acaba la música, empieza la pintura y viceversa. Y todo ello debe ser transgresoramente poético. Sin la magia de "lo poético" ni pintura ni música alcanzan la categoría de obra de arte.

—**Décadas atrás, los artistas de tu generación eran prisioneros de la censura. Ahora el mercado les acosa. ¿Cómo le haces para mantener tu independencia artística y ganarte el pan?**

—Pelear sin tregua, amigo mío. Y pasar momentos muy difíciles. Y aguantar. Y ser muy terco.

—**¿Crees todavía que la pasión es flor de un día, que la sed se va apagando y es más breve al tiempo que pasan los años?**

—Lamentablemente sí.

—**Eres enemigo de la guerra y su reverso la medalla... Tu último disco pasó de llamarse *Giraluna* a *Alas y Balas*. Ante esa bélica danza de alta tecnología, ¿cómo ves el mundo?**

—Siempre se iba a llamar *Alas y Balas*. Solamente que, en algún momento, pensé en llamarlo *Giraluna* porque ésta canción es un poco síntesis del resto de las canciones. Tiré una moneda al aire y me salió *Alas y Balas*. Por algo sería. Seguramente por estos tiempos de guerras artificiales y terriblemente brutales, por la gran mentira que les sirvió a los "liberadores" gringos para adueñarse del petróleo de los países árabes. Una gran y terrible mentira. Pobre mundo, totalmente sometido a los dictados del imperio más salvaje que ha conocido la historia de la infamia.

—**Saramago ha hablado sobre la actitud de los artistas e intelectuales ante la guerra. ¿Qué puede hacer una canción en medio de las bombas?**

—Una canción sólo sirve para que no nos sintamos tan solos. Nada puede hacer una canción frente a un cañón.

—**Pequeño tratado de "tanatología", la canción *Alas y Balas* nos cuenta la forma en que vivir y morir son alas de un mismo vuelo. ¿Te persigue acaso la inmortalidad?**

—En todo caso me persigue la inmoralidad de un mundo dominado por embusteros mercaderes genocidas.

—**_Hijas de Eva_, excelente disco de Pedro Guerra, muestra la cara de la mujer del siglo XXI en su globalidad social, económica, filosófica... Tú, que has desnudado el** alma femenina en tus canciones y que la llevas al lado de tus reclamos, ¿cómo la ves a Ella?

—La veo fuerte, inteligente, segura, cada vez más. Y eternamente femenina.

—**Has dicho que ya no hay utopías sino posibilismo. Entonces, ¿qué nos queda de optimismo?**

—Tal vez los niños con su urgente necesidad de ternura. O tal vez intentar no matar al niño que todos llevamos dentro. Ni tampoco al animal... a la bestia sí.

Aute,
Memorable cuerpo

*…donde acaba la imagen empieza la palabra,
donde acaba la palabra empieza la música.*
Luis Eduardo Aute

A propósito de sus 40 años en el mundo del arte, el poeta, pintor, cineasta y cantautor Luis Eduardo Aute presentó en Madrid *Memorable cuerpo*, una colección —edición de lujo— de sus mejores creaciones. Cronología que en siete *cedés*, resume más de 400 canciones pobladas de ternura, desamores y tristezas, algunas esperanzas, y otras cuantas rabietas de alguien que como muy pocos, aún cree que "este mundo en crisis está en mutación". Un autodefinido *amateur* de las artes que sueña con "canjear la especulación por la solidaridad".

El trabajo incluye un *DVD* con dos conciertos, un libro de fotos de 84 páginas ilustrativo de una prolija obra pictórica y un dibujo a lápiz —una *boligrafía*— reveladora de uno de los otros mundos de Aute: las fronteras de la imagen y el poema. En resumen, este es un "álbum-biografía sonoro, vital y sentimental de una generación", en palabras del poeta Luis Antonio de Villena.

Gracias a su incondicionable humildad, una vez más he acorralado a Luis Eduardo Aute con preguntas que más que cuestionadoras, desearían ser provocadoras, como su obra. Lo he creído pertinente ya que desde nuestro último encuentro periodístico han pasado muchas cosas, tantas que no sé por dónde ni con quién empezar. Y como siempre, tendrá que ser con el músico.

—¿Qué da la música?

—Llamo "música", no a lo que se entiende por melodías, armonías y ritmos que resuenen en los oídos, como tampoco llamo "poesía" a un poema... En ese sentido, música, poesía, magia, sueños, cruzar al otro lado del espejo... es todo lo mismo. Música es lo que mana de lo inexplicable, como mana el amor del deseo. Eso es lo que da la música, a mi modo de ver.

—En tu relación artista-público, nosotros, los de este lado, hemos vivido en tus canciones las más íntimas historias: consejos sobre el amor, el eterno lenguaje de la anatomía femenina y la desgarradora necesidad de olvidar, *de alguna manera*. Así, estos mandamientos —tus confesiones— han sido credo, pecados aparte. En fin, el público, *tu* público, ha vivido a Aute *con Aute*. ¿Qué sientes cuatro décadas después?

—Gratitud infinita y (como ya comentamos en otra pregunta) que no es improbable que "valiera la pena", aún sin proponérmelo.

No conozco otro pan más que tu cuerpo, sólo tu cuerpo

El cuerpo fue *lugar de estudio* a través de las civilizaciones; en Babilonia los arúspices disecaban el hígado, órgano regenerador de vida, a fin de predecir el futuro; Da Vinci, en *El hombre de Vitrubio*, lo dota de emociones ya que él es medida de todo lo existente; hoy el cuerpo continúa formando parte de "todo": *objeto de consumo, subasta, imagen, depositario del deseo, el sexo y la política*. En el cuerpo del presente, al artista —su ejecutor— le quedan pocas alternativas; una de ellas es justamente hacerle campo de batalla. Es decir, tornarlo artificio de mitos, un asunto trasgresor que el espectáculo, la tecnología y la apocalíptica urgencia de lo posmoderno acogen en sí convirtiéndolo en la metáfora memorable. Es el cuerpo también, el mapa que la poética auteana ha escogido a fin de dibujar, alma en mano, las disyuntivas del hombre de hoy. Y ahí quizás yace lo memorable

—**Sé que Paul Eluard, uno de *tus* poetas, es culpable del título de este histórico trabajo gracias a *Corps memorable*. Su poesía vanguardista resume lo que para algunos son los fundamentos del surrealismo, evidente influencia en la creación auteana: el amor, instrumento y hecho liberador, y la sexualidad, su sombra inseparable. En un temprano poema Eluard contaba lo siguiente: ...*Creí que me rompería lo inmenso lo profundo. Con mi pena desnuda, sin contacto, sin eco, me tendí en mi prisión de puertas vírgenes como un muerto sensato que había sabido morir...* Carlos Edmundo de Orly, otro favorito tuyo, dice... *De nuevo en una habitación estamos juntos. Desnudos estupendos cómplices de la Muerte.***

En ambos iconos hay un incuestionable abrazo entre vida, muerte y sexo. ¿Podrías reconciliar el enigma de dos autores tan aparentemente dispares?

—Para ambos no existe otro universo que el cuerpo, que un cuerpo a la búsqueda del alma soñada.

—**El cuerpo y el alma, lazos —pacto inseparable entre tus trabajos— ¿dónde andan el uno y otro en esta época donde parece "morir" la historia?**

—Pues me temo que "históricamente muertos". Se asesinaron mutuamente. Sólo queda la experiencia personal y, a veces, muy pocas, transferible.

—**Le pides *a un cuerpo* clases de poesía. Es más: amenazas hundirte en él ante tanta pesadilla ¿Cómo sobrevivir entonces (al cuerpo y a las pesadillas)? ¿Será porque *después del amor los cuerpos huelen a alma*?**

—Será, seguramente, porque los cuerpos después del amor, que no del coito, apestan a alma. Con ese perfume se logra sobrevivir, aunque sea muy poco tiempo.

—**Leí en un *blog* chileno que el cuerpo y la desnudez eran aproximaciones a la esencia de la vida, algo que ya has establecido al punto de que consideras el cuerpo un invento maravilloso. En *Anda,* que es un himno a la persecución de tal esencia, invitas al desnudo; de igual forma, "con un beso por fusil" convidas "a vencer la eterna duda sometiéndote a una piel desnuda". Cuéntame de esta batalla desnudo-vestido.**

—La vida consciente debiera ser un irrefrenable deseo de conocimiento. En el enamoramiento, ese espejismo, los cuerpos sienten un irrefrenable deseo de conocimiento mutuo, hasta ser un solo cuerpo, una sola alma. Ese irrefrenable deseo de conocimiento obliga a desnudarse de todo aquello que nos cerca y no nos acerca.

Si el amor alguna vez...

Aute ha sabido entregarnos canciones de amor como muy pocos, es decir, canciones donde el amor se representa a plenitud: como la pasión desesperada de *Mojándolo todo*; como aquel amor escurrido entre las manos que reaparece un tanto tarde, de visita, *a las cuatro y diez*; como el amor *ménage à trois*; como el que nunca tuvimos; y sobre todo como el *des-amor*, que en el caso de la canción *De noche todo el día* se escurre entre las esquinas del cuerpo, una vez más, refugio último...

> *Hace tiempo que tus labios*
> *me saben a conocido,*
> *que tus ojos transparentes*
> *son dos pozos infinitos,*
> *que mis brazos no te abrigan*
> *y los tuyos me dan frío,*
> *que tu voz y mis palabras,*
> *como torpes adjetivos,*
> *nada añaden al silencio*
> *de tu cuerpo junto al mío.*

—**Amor y deseo, para muchos, son el valor central de tu obra. ¿Es la vida el deseo del amor?**

—Qué curioso, parece que me hicieras esta pregunta conociendo mi respuesta anterior. Allí queda respondido.

La poesía no es un oficio de cobardes

En su más reciente poemario, *Volver al agua*, Aute incluye textos que abarcan varias décadas; el epígrafe que acompaña el último capítulo, "Templo de carne", es del poeta alemán Novalis, considerado uno de los más ricos expositores del romanticismo del siglo XVIII:

No hay más que un templo
en el universo
y ése es el cuerpo humano.
Nada hay más sagrado
que esa forma elevada.

Aute, tanto por su profundo conocimiento de la poesía como por sus textos mismos, es un caso excepcional en la cantautora hispanohablante; nos encontramos ante un autor que crea la canción cuya música es el poema, o la canción cuyo poema es la música. Ello sin aludir al otro poema, el que sus lienzos nos entregan. En tal sentido, le recuerdo lo que ha dicho: que a pesar de cuarenta años de creación aún no logra la canción más cercana al poema perfecto.

—Entendiendo, como algunos han afirmado, que la poesía no es un oficio de cobardes... ¿te atreverías a nombrar tu canción más acabada?

—No me atrevo porque no tengo el más mínimo deseo de que exista, por ahora.

—En tus pinturas, a mi parecer la más lúdica expresión de tus canciones, ¿se te hace más fácil verter la intención creativa?

—Muchísimo más fácil. No existen reglas del juego, y si las hubiera, habría que prescindir de las reglas, nunca del juego.

Se acercan mujer, tiempos de maleza...

Hemos dicho que el Mercado, antiguo dios de la modernidad, hoy agoniza víctima de su propio veneno: la ambición que lo destruye todo. El Estado, "nuevo" administrador de la "colectividad" —es decir, del dinero de los bancos— es el tótem de la fe moderna, la más certera fuente de salvación. Y Aute, que lo predijo todo en 1989 en aquél apocalíptico álbum *Segundos fuera*, parecería el testigo ocular más adecuado para preguntar si ha valido la pena todo esto.

—**¿Qué se siente haber vivido la agonía del Hombre contemporáneo? (por lo de "siglo XX, cambalache, problemático y febril..." y por supuesto, el último *Aleluya*).**

—No sé si ha valido la pena; en todo caso nunca me he planteado el valor de las penas porque si lo hubiera hecho, seguramente nada hubiera hecho. Mejor no hacerse preguntas *boomerang*. El hombre siempre fue contemporáneo en su tiempo, y siempre fue agónico. El hombre (el ser humano, mejor) desde que nació se está muriendo, individual y socialmente. Dicen que la vida es puro aprender a morir. El "hombre nuevo" no existe ni existirá... pero hay que renovarse constantemente sobre todo para no caer en el tedio de vivir. Lo que sucede es que "nuestra" contemporaneidad es la menos contemporizadora de todas las anteriores porque habiendo pasado por un trágico y dolorosísimos proceso "civilizador" a lo largo de toda la historia, se obstina en destruir, sistemática y egocéntricamente, todo valor conquistado por la civilización en nombre, no del valor de los bienes sino de su precio. Y caiga quien caiga. Así vemos cómo está cayendo, en caída libre y por causa del llamado libre mercado toda nuestra contemporaneidad.

Rastros **6**

Declaración austral
a Enriquillo Sánchez[7]
(a principios del nuevo siglo,
y para uso oficial solamente)

No somos más que amanuenses del Espíritu
y no podemos disponer nuestro destino.
Detrás de la puerta, quizá, otro ángel aguarda.
Otro quizá, otro ángel, otra puerta.
Tal vez no he salido jamás de sus ojos.
Tal vez duermo todavía dentro de la lluvia.
Tal vez sigo enamorado de la eternidad.

Mi siempre presente poeta:

Estas horas austeras, difíciles y solas, son hijas de solsticios y veranos que acaban de terminar, primaveras que creía

---

7 Enriquillo Sánchez (1947-2004), poeta dominicano, Premio Nacional de Ensayo y Premio Latinoamericano de Poesía Rubén Darío.

acaso eternas. Son también horas hermosas porque como sabes, aún me vive y me vivo por el corazón, espejo favorito del amanecer. Estos son días azules dibujados por todas las muchachas de Güibia, las tuyas y *la* mía (sólo ustedes los poetas están autorizados a pluralizar la exclusividad de los pezones y los besos). Además, no podría imaginar lo que haría mi solitaria alma de oruga: si serle, entregármele u ofrendármele, eco de mis galopes, a ella. Y sólo a ella. Por eso éstas son horas azules, como las de Darío: fin de la luz, reino de la oscuridad.

Te he leído en estos días más que siempre, contra las olas cercanas al Vesubio y frente a las millas del continente, es decir, el mar Caribe. Te he recordado dolido y doliente, te he imaginado compungido como únicamente médicos atrevidos pudiesen suponer. Y te he visto llorar. Triste. Navegando entre las cicatrices coronarias, hoja caída como los otoños que nunca quieren terminar. Te he leído en estas fechas milenarias donde las paellas duermen y René Del Risco despierta la adrenalina del dolor. Tú le has escrito desde la memoria y el privado respeto de la claridad; y nosotros lo hemos buscado tras su *Viento frío*. Has escrito *Happy Hours* y has escrito para los que sabemos lo debido sobre la tinta de calamar. Te confesaste además en la página 377 en un poema donde Marisela se despide desde los mástiles sagrados un octubre cualquiera de hace apenas diez años. Y hoy la veo, a Marisela, escondida entre la imaginación y los azahares.

Tú desafiaste el desamor y la esperanza anunciando tras un exclusivo uso oficial, toda una manada de leopardos que buscaban labios apacibles: la nombraste *Memoria del azar*. Y en ella dijiste ¡basta sinrazón! Y allí aguardaba la mirada de la virgen verde que te tiñó la memoria de amarillo. Y dijiste ¡basta golondrinas! Y se acercaron unos pechos que se sabían sedientos, nómadas en espera del rescate...

Los poetas y tú, conscientes de la majestuosa aventura de la palabra, entienden que el pecho no tolera más dolor que la memoria y que no comprende el por qué de las metáforas esparcidas entre el malecón de Santo Domingo y los confines del infinito. Los poetas saben también cómo una muchacha se apropia del alma sin preguntarle a la madrugada, y cómo, a pesar de ello, puede un alma seguir enamorada del azúcar sobrante de su pubis. Seguir enamorada de esa mujer que lleva el nombre de un Estado mientras se sueña la muchachita que esa misma alma, la mía, se atrevió poseer sin el permiso otorgado por ella.

Por eso y por todo te abrazo, entre todas tus páginas que alumbraron anocheceres casi interminables mientras confundido, yo buscaba el amor sin encontrarlo.

Te confieso Enriquillo que estas *devoraciones* sí vienen del corazón. Azar y memorias aparte.

Chicago, 2004, a la semana de tu muerte.

Marlon Brando

Hoy, aquí, en el lecho y en mi cabecera, junto a una flor que rebeldemente duerme el silencio y perfora mi olfato, como Bertolucci, yo también he llorado. Ella no lo sabe. Sobre todo porque la he besado callado (y porque ella nació tarde, junto al *Último Tango*), pero mis lágrimas son de recuerdos y son de adolescente. Marlon Brando éramos nosotros, todas nuestras rabias y todas nuestras lágrimas incluidas. Fuimos él cuando en aquella década rebelde desesperadamente sosteníamos la esperanza con la mano izquierda y a su paso, cargábamos el cerebro dentro del corazón.

Yo era Brando cuando desorientado y curioso, a los doce, leía el Nuevo Testamento, Sartre y Rulfo. Lo fui cuando a los catorce el Tango y el desamor con sabor a mantequilla me sacudieron los ojos y la razón. Fui Brando deseando a los quince años tener ese pecho de camiseta blanca sudada —Kazan, o parecerme a ese atractivo muchacho malo de motocicleta— *Savage* que todos llevamos dentro pero que a pocos nos regalaron la naturaleza o la testosterona.

No recuerdo actores que me sacudieran los ojos como lo hizo él. Hubo muchos, pero él, fue él. No recuerdo películas que te incrustaran la inconformidad de la realidad como las de él, aunque hubo muchos Passolini, Woody Allen, Federico. Las de Brando te dejaban con el eco de su voz regresando cuantas veces fuesen necesarias (como la voz del coronel apocalíptico que siempre escucho al pasar por el tramo de la carretera La Romana-Chavón y veo el río y la ribera donde se reinventó el endemoniado Vietnam en mi propio país; como la tierna voz de Don Corleone que infructuosamente busca al nieto entre las flores del jardín donde cae muerto, ¿recuerdan?; ¿acaso también olvidaron la sórdida voz de aquél cincuentón divorciado que le lloraba a la Schnider con el corazón roto nada más y nada menos que en París?).

No sé ustedes, pero yo sí he llorado por él, muerto que vivió en un hospital, en bancarrota y otra vez rebelde, arropado por tragedias que ya no eran de las películas. Es por ello tal vez que este domingo tiene un gris negruzco absolutamente divorciado de la primavera. Es tal vez por ello que hoy no he visto ni un pájaro asomarse a mi ventana, quizás obedeciendo el cartelito que de vez en cuando, como Sabina, se puede leer en la portada de mi corazón: "cerrado por derribo".

Luis Días: vivir la alegría y vivir la libertad

Si he de morir, que sea de una pasión sin nombre...

¿Y quién carajo era Luis Días, un personaje definido por otros como artista gráfico, compositor, intérprete, poeta, músico, folclorista, productor, investigador, docente y actor; alguien a quien apodaron el *Terror*? ¿Quién es capaz, en su sano juicio, de embarcarse a la aventura de ser, simultáneamente, diez sujetos en un Yo? Luis Días Portorreal (Bonao, República Dominicana, 1952 - 2009) fue la afrenta de un versátil hombre de su tiempo: el artista, el amigo, el bonachón, el contradictorio, el genio musical, el atormentado, el que "no bregaba con la tristeza" en su sano juicio. El *Terror* murió, y nosotros nos secamos las lágrimas para reír con él.

La última vez que lo vi, hace unos años, en pantalones cortos, sacudía la guitarra tras el eco de la percusión de Fellé

Vega en el legendario barrio santiaguero de Los Pepines. Allí lo vi arrancándole lágrimas y risas al instrumento, moviendo la cara como sólo él sabía y atrapando al público con la natural magia con la que su música nos envenenaba la sangre. Me habló de la felicidad y los *nuevayores* de los 90; de los músicos de Jerry Gonzalez y The Fort Apache Band; de aquella voz icono cibaeño -Vickiana-; de *Andresito Reyna*, Shakira-*baila en la calle* y *Tangamana*, catarsis donde rogaba *...yo no quiero que me pase lo que me pasó a mí mismo...* y donde suplicaba que le permitiesen mirar la noche *con su luna de aspirina*. Hablamos también de La Habana y el legendario Onceno Festival de la Juventud; de la sociología del ron Brugal y de los amigos comunes: los Logroño, el Cuquito, Luis Tomás, y un sin fin de gente que de seguro, desde hace unos días, han sacado de sus baúles uno que otro de los trabajos definitorios de su discografía.

Ya he citado al reconocido escritor dominicano León David, quien ha indicado cómo la música —con su carga renovada de vida nueva— "es parte de la zona más genuina, feraz y permanente de la existencia". Y nuestra identidad, a mi parecer, es el fuego que alimenta tal existir. Hablo, por supuesto, de la identidad que perseguimos, no de la supuesta. No de la impuesta y no de la heredada: hablo de aquella identidad que nos proponemos encontrar. Y parte de la genialidad que Luis Días nos ha legado radica quizás en la construcción de la tan cacareada identidad dominicana: existir(nos) mientras nos definimos, encontrar(nos) en nuestro ejercicio cotidiano, buscar(nos) tras la vellonera, el poema, la historia y los ritmos; con el dolor del campo y la vorágine citadina, Washington Heights incluido. Es decir: Luis Días quiso invitarnos a comenzar a sernos los dominicanos que aún insistimos en querer ser.

Luis Días rescató ritmos y tonadas como nadie nunca lo hizo, y el grupo Convite, para cualquier generación más allá de 1972, es la referencia del folclore que aún no ha alcanzado los premios nacionales. Convite fue además el espejo de lustros turbulentos donde *darle la mano a un obrero* representaba el ideal de una generación que todavía no sucumbía al desagravio y la desazón. *Sonia canta a los poetas de la patria* (1978), es el siguiente eslabón de Días, esta vez en rol protagónico de un espectáculo donde en palabras de Miguel D. Mena, "...el músico está trayendo el poeta al escenario"; un legendario concierto que justifica con creces la pregunta que Mena lanzó hace ya varios años: ¿Merece Luis Días un puesto en la literatura dominicana?.

Transporte Urbano, el rock integrado al ritmo nacional, y *la tecnobachata*, son a mi parecer, las indiscutibles contribuciones que el *Terror* aportó al *ethos* musical dominicano; logros que lo sitúan en la cima de todos los artistas de dicho género. El asombro de recrear la crónica de lo cotidiano en un diálogo con lo popular —en el sentido más hermoso de la palabra—; trátese ella de un colmadón, una comarca, un *batey* o un vecindario de Monte Plata. El exprimir el merengue, los palos y la bachata, la voz de la calle haciendo arte mientras se baila, es reflejo del *modus vivendi* del *Terror*. Sus declaraciones en entrevistas pasadas hablaban de cómo él se diferenciaba de otros autores al negar la tristeza y abrazar la alegría; de cómo siempre quiso que sus letras no narraran únicamente la aventura personal, de que los temas íntimos fuesen sacados al ámbito de lo colectivo; y cómo su ritmo favorito siempre fue el *rock*:

—...*porque me da la libertad de poder fusionar y reforzar los colores con mayor contundencia, de usar sonido como parte de la música*".

¿Será posible entonces recordar a Luis Días aprendiendo de él, bailando con él, celebrando con él? ¿Soñar, por un segundo, con la alegría y la libertad que a su parecer adjudicaban sentido a la música? Pienso que sí, porque en algún lugar entre las páginas de su libro *Tránsito entre Guácaras* (CEDEE-INTEC,

1986), aparece, como un asomo de esperanza, una oración de inspiración taína que reza así:

Espíritu inquieto, soñador, gestador del viento
Que una vez sin nortes las ciudades
te convertiste en única vía
No dejes que se me pierda el mar ni el rocío
Métele soles a nuestros ríos
Reparte tus culebras de esmeraldas
por los bosques donde te perdiste.

La morada de los mitos 7

¿Cuál es tu ciudad?

*Es allá, en París, en La Habana, donde verdaderamente
hay un país en el mundo. Aquí es otra cosa. Aquí somos otra cosa. Aquí es
otra cosa Pedro Mir y es otra cosa la nostalgia.*
Enriquillo Sánchez

La ciudad de nuestro origen poco tiene que ver con la
ciudad virtual y la ciudad de la memoria. Somos, todos nosotros, habitantes de la *i-realidad*, miembros de lo que fuimos, quisimos ser y no pudimos: ciudadanos de la nostalgia.

Vivir con los pies en la tierra es el desafío de la posmo-
dernidad, ella por supuesto asumida en su más intensa manifestación: la reconstrucción, pedazo a pedazo, de aquello
que dejó de ser. Por ello la diáspora se busca con interminable afán tras *Yahoo* y otras avenidas del chateo que son, en
resumen, parques de intercambio social tan reales como
Chicago, Berlín o Santo Domingo.

Yo, que nací entre feudos de un Santiago hidalgo, vivo en Madrid cada vez que Joaquín Sabina canta desocupando un tren en la ya no tan inocente Estación de Atocha (porque el 3/11 también cambió la faz de ciertas ciudades, así como a Nueva York le arrebataron las pestañas de las torres gemelas). Madrid, sea en un café que nunca estuvo en la calle Las Palmas, sea al costado de la Espasa Calpe en La Gran Vía, sea a las siete de la mañana o al mediodía, Madrid fuimos nosotros.

Fernando Pérez consagró el cine cubano de la década del nuevo siglo con *Suite Habana*, una escandalosa narración del silencio que muestra una ciudad Lezama Lima, Carpentier y Leal (los tres, poemarios de la arquitectura) hasta más no poder. Asistimos a una ciudad que habla sin palabrear apenas abrazando el malecón; ciudad de sonidos y figuras narrando una temporalidad casi literaria, un ritmo de luz, caderas y supervivencia. La Habana cuida las gafas de John Lennon en su parque, llueve, truene o ventee, motivándonos a querer haber nacido allí para proteger lo que en el Dakota no pudieron.

Mi ciudad tampoco deja de entregarme a esa muchacha que por primera vez me sostuvo las manos en el Callejón de los curas mientras el jazmín me robaba el pulso. Una que era incapaz de sostener puentes imaginarios a ambos lados del amor, tal como Le Corbusier le confesó a Cortázar. Y es que la arquitectura define también el entorno del corazón: la curva de una calle, el paseo de una alameda o el azar de un vecindario, cada una coordenadas rotas o reconstruidas por una historia de amor adolescente o cuarentón y por un sueño que nunca ha sido cierto. Yo sé de la ciudad que era mi amante y de la que me inventé hace apenas cuatro días al lado del desaliento: ese que se me quedó en Bonao (porque nunca olvidaré el pueblecito atravesado por la montaña herida de ferroníquel), en Montecristi (respirando polvo mientras fríe un pescado en cualquier parque a tono de un antiquísimo jazz olvidado por la *United Fruit*) o en Ramón Santana (lo más cercano a Macondo en aguas del Caribe).

No sé qué decir. Me lo he preguntado y la recóndita inconsciente memoria se inquieta: ¡No sé de dónde soy! Vivo *El Viento Frío* porque lo soñé. Vivo la ciudad que el primer poeta moderno dominicano nos mostró; René Del Risco me ha obligado a definir el territorio, por eso no soy de ningún lugar y soy de todos: Vengo del segundo piso de la Arzobispo Meriño en casa de la tía Lolita... ella que perfumada de mangos banilejos en aquellos años sesenta repartía amores demasiado tempranos. Soy de la Peña Batlle, allí donde tía Maura entregaba historias del corazón sin ni siquiera darse cuenta. Regreso desde las aventuras de universitario deambulante entre una tasca Calle el Sol, la barra Bader tupida de cervezas y un café de la 30 de marzo vecino del Teatro Colón. Era sin duda un Santiago poco parecido a París pero muy inventado por ojos de diecisiete años. Porque también se inventan las cosas y la memoria a veces con demasiado detalle. Conozco por ejemplo, que el olor del lago Michigan nunca será como el de Güibia *aún después de incendios y decenios.*

Como quien quiere
ser el que se es

Estoy apegado a esa idea de lo que fui casi como quien quiere ser el que se es. Alguien me pregunta hace apenas unas horas el nombre de la mujer que más he amado y respondo sin elaboraciones: la que me he inventado.

Besarte el pelo libre sobre tus ojos verdes fue una osadía que la memoria no perdona. Oler cosas de ti era algo sin igual: ser un paria de la razón o un enloquecido muchacho de diecisiete que apenas se atrevía a morder labios, más allá de la imaginación o de la Anne Bancroft, ella toda vestida de la Mrs. Robinson.

No te inventé, sin embargo, entre esa virginidad de amor que sólo una vez se siente (difícil estreno que a los treinta o cuarenta tardíos es sorpresa inimaginable). Te inventé mujer tocándote las pecas que hace un rato confesaste mías; mías porque me las apropié (y es que nunca das nada, dejas que uno se adueñe para luego recordar la exclusividad de tus pezones y navíos; ellos, que por supuesto son otros tras compartirlos y quedártelos para la eternidad de las mañanas).

Recreo el pelo y las mejillas tuyas llenas de lágrimas y dolor mientras decías adiós. Desapareces en Escandinavia, Boca Ratón o Mar del Plata; estás agazapada, triste y huraña como los gatos, o como cuando te toqué entre las piernas esa primera vez que te gustó. Me es cotidiano no tenerte, respirarte, deducir tu álgebra de capilares; tu arquitectura verde y tibia. Me es maravilloso saberte cierta esperando la tierra de este alcohol fresco que pregunta por ti. Es cierta tu maravilla, la maravilla llamada Ella.

Viví rutinas y fantasías, quiero decir, las vivo. Sin embargo, me es maravilloso encontrar en ti a aquella diosa de la playa que una vez tuve, Caribe rabioso y todo.

Te inventa Aznavour escuchándote en la ventana de universitario feliz y francamente indocumentado. Tus *flash-backs* aparecen justo en el instante álgido en que despierto sabiendo que La Maga espera al doblar de una esquina a la que no llego. Lleno de miedo me lanzo a amarte, mujer inventada; y te dibujo y te corrijo, y te busco luego de encontrarte; y le pregunto al mar si te esconden las caracolas o si te protegen las sirenas o ambas cosas a la vez. Callo. Desconozco si me escuchas o si te esfumaste, mujer mía y no mía.

Yo sé que no llego aún a la meta ni al principio; sé de ti y sé de mis pasiones, de los astrolabios y las mariposas que siempre te persiguieron. También supe una vez de tu boca cuando en un taxi casi vacío osaste dedicarme una mirada y yo, beso la imaginé. Hoy sé de ti y de tu ausencia, mujer de papel casi teñido de jazmín. Te miro el olor y la culpa de tus ojos; te miro entre tus uñas y el recuerdo de esa que jamás fuiste.

Ahora eres todas con nombres y apellidos.

Buenos Aires y los mitos

El nombre de una mujer me delata.
Me duele una mujer en todo el cuerpo.
Jorge Luis Borges

Acabo de regresar de Buenos Aires. Era tal como lo suponía. Apoyado en un libraco volumen tres y poblado de cartas cortazarianas, recuento mis primeras horas rodeado de minas elegantes y de memoria: Guerra Sucia, Oliveiro Girondo y el Luna Park; la Plaza de Mayo inundada de banderitas para turistas que fotografían gendarmes jóvenes, tan ellos, que a Videla sólo lo conocen de oídas (son casi inofensivos soldaditos bien vestidos, casi nuevos, pero más que todo inofensivos porque protegen a no sé qué ni a quién de unos piqueteros buenas gentes que sólo exigen mejor fiambre).

Éstas, mis confesiones. Las comparto con un amigo que ya pertenece a los difuntos, él escribió una vez que América era un texto cuya primera página estaba ahí para regresar a ella y vernos a nosotros y ver nuestro universo; que no importaba si entendíamos lo americano como descubrimiento o como encuentro de culturas; lo americano nacía con la certeza de los actos fundadores: poseemos el origen constitutivo y sabemos nuestro punto de partida, uno que precisa el antes y el después. Esta concepción permitió a Enriquillo Sánchez definir lo que a su modo de ver era esencial para la literatura latinoamericana: el concepto de "ley de la fundación". Para el fenecido escritor, Borges, Neruda y García Márquez eran ejemplos capitales donde se encuentran los programas poéticos más ambiciosos en las letras hispanoamericanas.

El poema de Borges *Fundación mítica de Buenos Aires* facilita mi reconstrucción de una urbe que solamente puede ser llevada en el corazón; un corazón que ha fundado sueños y perpetuado irrealidades, un alma capaz de perseguir el amor con sus mitologías y sus pequeñas magias inútiles.

Empecé a encontrar esta ciudad en El Ateneo (librería de tertulias y huellas greco-romanas) una tarde de café y jóvenes sedientos de libros quienes, ahogados en palabras, se refugiaban tras un mar de páginas contra los cuarenta grados de la intemperie del Cono Sur. A mi lado, una tía en su edad, leía impertérrita una biografía de bolsillo de Marco Polo. El silencio y el café negro me remontaron al día que justo finalizaba: la niñez de Leda, mis amuletos, el fin del invierno austral y un piloto que unas horas antes habló en un lenguaje escandalosamente porteño a pesar de su evidente nariz anglosajona.

Más tarde, anoche, fue tango. Yo era bandoneón mientras la pubertad me sacudía en ese barrio sin nombre del Santiago dominicano. Allí escuchaba los anocheceres musicales del único bar de mi memoria: El Morocho. Allí se anunciaba todo lo que se podía saber de tango allende Buenos Aires: Gardel que volvía y volvía mientras el primo Luis José iluminaba mi preadolescencia de inocente ciudadano; Damaris que no entendía de cuerpos ni de edades, porque ella era sólo poseedora; y yo, que apenas me conocía, hurgaba pesares y sueños tucumanos.

Caminito. Los vecinos de la Boca dicen que cambian los gobiernos pero la miseria continúa; entre fútbol y fantasmas de inmigrantes italianos, nacen, crecen y se reproducen con y en el fútbol. Este callejón bohemio sobrevive el turismo porque ya dejó de ser historia. Es la nueva Argentina, el nuevo país de unos cuantos y la nueva república gracias al Menem icono y usurpador.

Ciudad de ausencias. Viví tinto, matahambres, *bifes* y una que otra milonga; la Galería Patio-Burlich y otras tumbas del consumo. Supe de alfajores y dulzuras, mas ahí no estabas. Estabas pero no me estabas con esos ojos de bandera oscura llena de sol, ojos de Borges celoso mientras te miraba en el Café Quebec. Te quedaste, che, en cada esquina del Buenos Aires que yo leía en *Página Doce* y lleno de ti imaginaba. Presa del Mar del Plata te quedaste, tras ese río gris que no vio tu color rosa a pesar de los viajes de la jungla; a pesar del Paraná dejando huellas justo frente a Puerto Madero una mañana cualquiera de este quimérico presente.

Hace unas horas que despedí a Buenos Aires sin desearlo. Mito o sueño, vivir ciertas historias es únicamente dominio de la literatura. Aclaro que no fuiste literatura mientras llegabas esa madrugada lúcida entre Recoleta y Callao, apenas media milla de Corrientes y Florida. Allí eras el amor amenazado, delatado en el nombre de una mujer. Y yo, como Borges, temeroso, tuve que ocultarme y huir.

Agradecimientos

A los cómplices usuales:
Victoria Bianco, por el angor color rojo,
Esmeralda Morales, por el destello de la portada,
Carolina Cifuentes, por cuidar las palabras,
y por supuesto, a René Rodríguez Soriano,
padre adoptivo de esta aventura.

Esta primera edición de *Seducir los sentidos* de **Jochy Herrera**, está disponible desde los primeros días de enero del año 2010, edición y cuidado de *mediaIsla editores, ltd* - miami, fl mediaisla@gmail.com

www.ingramcontent.com/pod-product-compliance
Lightning Source LLC
Chambersburg PA
CBHW020744180526
45163CB00001B/343